中国文化知识文库

中国文化名山

徐潜/主编
张克 崔博华/副主编
姚雪 吴迪/编著

吉林出版集团
吉林文史出版社

图书在版编目（CIP）数据

中国文化名山 / 徐潜主编 .—长春：吉林文史出版社，2013.4（2025.11重印）

ISBN 978-7-5472-1552-4

Ⅰ.①中… Ⅱ.①徐… Ⅲ.①山-中国-青年读物 ②山-中国-少年读物 Ⅳ.①K928.3-49

中国版本图书馆 CIP 数据核字（2013）第 068653 号

中国文化名山

ZHONGGUO WENHUA MINGSHAN

主　　编　徐　潜
副 主 编　张　克　崔博华
责任编辑　崔博华
装帧设计　映象视觉
出版发行　吉林文史出版社有限责任公司
地　　址　长春市福祉大路 5788 号
印　　刷　唐山富达印务有限公司
版　　次　2013 年 4 月第 1 版
印　　次　2025 年 11月第 5 次印刷
开　　本　720mm×1000mm　1/16
印　　张　10.75
字　　数　250 千
书　　号　ISBN 978-7-5472-1552-4
定　　价　68.00 元

序　言

民族的复兴离不开文化的繁荣,文化的繁荣离不开对既有文化传统的继承和普及。这套《中国文化知识文库》就是基于对中国文化传统的继承和普及而策划的。我们想通过这套图书把具有悠久历史和灿烂辉煌的中国文化展示出来，让具有初中以上文化水平的读者能够全面深入地了解中国的历史和文化，为我们今天振兴民族文化，创新当代文明树立自信心和责任感。

其实，中国文化与世界其他各民族的文化一样，都是一个庞大而复杂的“综合体”，是一种长期积淀的文明结晶。就像手心和手背一样，我们今天想要的和不想要的都交融在一起。我们想通过这套书，把那些文化中的闪光点凸现出来，为今天的社会主义精神文明建设提供有价值的营养。做好对传统文化的扬弃是每一个发展中的民族首先要正视的一个课题，我们希望这套文库能在这方面有所作为。

在这套以知识点为话题的图书中，我们力争做到图文并茂，介绍全面，语言通俗，雅俗共赏。让它可读、可赏、可藏、可赠。吉林文史出版社做书的准则是“使人崇高，使人聪明”，这也是我们做这套书所遵循的。做得不足之处，也请读者批评指正。

编　者

2012 年 12 月

目　录

泰　山

每每提及我国的旅游风景名胜，大多数人都会把大家耳熟能详的五岳放在首位，其中，五岳之首的泰山又最让人津津乐道。“登东山而小鲁，登泰山而小天下”，这是古人对泰山的评价。泰山在华北平原拔地而起，就像是华北平原的一个守护神，日夜警惕地瞭望着远方。泰山山势雄奇、景色秀美，可谓“秀色可餐”，故古时被称为“五岳之长”“五岳独宗”“五岳独尊”。

一、泰山的形成

登过泰山的人都知道，从远处看泰山，给人以一种雄壮瑰丽的感觉，泰山就像是一位力大无穷而又充满智慧和正义的英雄。而在专业研究人员的眼里，泰山为块状山体，且现在每年以 0.5 毫米的速度继续增高。放眼看去，泰山山谷幽深、松柏满山，著名的风景名胜不计其数。代表景观有天柱峰、日观峰、百丈崖、仙人桥、五大夫松、望人松、龙潭飞瀑、云桥飞瀑、三潭飞瀑等。全山分麓、幽、妙、奥、旷五区。麓区山水相映，古刹幽深；幽区绿荫环绕，一步一景，令人目不暇接；妙区虽地势平坦，然而却别有洞天，景色格外宜人；奥区林木苍郁，花草茂盛；旷区坦途绿荫，溪深谷幽。

（一）民间关于泰山形成的传说

在我国民间，有许多关于五岳如何形成的神话传说。其中最著名的神话就是《述异记》一书中记载的盘古开天之说，此书写道：盘古开天辟地死后，身体各个部位都变成了对人们有用之物，他的两只眼睛变成了太阳和月亮，两只脚变成了江河和海洋，头发变成了花草和树木，左手变成了东岳泰山，左臂变成了南岳衡山，腹部变成了中岳嵩山，右手变成了西岳华山，右臂变成了北岳恒山。盘古在传说中是开天辟地之神，是中华民族的祖先，他的身体变为五岳，可见五岳在中华文明中的地位。

（二）泰山地形的形成是地壳运动的结果

关于泰山的形成，从时间方面来说，28 亿年前，原先居于海底的古泰山由于地壳运动峙立于在海平面之上，此时的泰山正处于形成时期，较为陡峭，不像今天这样可以随意攀登游玩。随后经过近 20 亿年时间的风化、剥蚀，山体逐渐趋于平缓。到距今 6

亿年前，华北广大地区的地势大幅度平稳下降，古泰山又一次沉没于大海之中。此后大约又经历了1亿多年，包括古泰山在内的整个华北地区再次抬升为广阔无限的陆地，但这时的古泰山还只是一个低矮的荒丘，没有今日的雄壮瑰丽。直到距今两三亿年前，华北地区再次发生剧烈的地壳运动，除泰山之外的大片地区开始下降，并且发生了多次海侵，由于古泰山一直没有变动，随后就像大海中的孤岛一样，挺立了几亿年，在经历了多次剧烈的地壳抬升和沉降之后，终于在3000万年前形成了今天的泰山。

（三）泰山的人文景观是人民群众智慧的结晶

泰山风景以泰山主峰为中心，呈放射状分布，由自然景观与人文景观融合而成。毋庸置疑，自然景观是大自然鬼斧神工的结果，是大自然赐予我们的礼物。但人文景观却是千百年来中华儿女智慧的结晶。优美的自然景观与深厚的人文景观相互融合、互为补充、形成了泰山独有的景色。自然的鬼斧神工令人类惊叹不已，而灿若繁星的人文景观同样也令我们后人目不暇接！泰山的人文景观包括宫室、碑坊、道路、桥梁、亭台、石刻等等。人文景观的建构主要是为了烘托和渲染泰山本身所具有的旖旎自然景色。众所周知，美在于整体。整体的和谐是形成美的关键因素。泰山的美就在于它的整体宏大和谐。而人文景观与自然景观的结合，正好把泰山的整体之美淋漓尽致地显现在世人的面前。

自泰山形成以来，人类在泰山的活动就没有停息过。在文化历史方面，泰山最引人入胜的地方就是它曾是中国历史上唯一受帝王封禅的大山。同时，泰山也是佛、道、儒三教兴盛的地方。泰山给我们留下了众多的人文景观。此外，历代文人墨客对泰山的赞美和推崇，也为泰山留下了大量的绝世词句和题词刻石。据不完全统计，历代赞颂泰山的诗词、歌赋多达千余首。而这些正是构成泰山人文景观的重要因素。

如果游览泰山会发现，从泰山西南方祭地的社首山开始，经过蒿里山到告天的玉皇顶，不计其数的名胜古迹、摩崖碑碣遍布山中。攀登泰山，使我们不仅大饱眼福，而且心灵也受到了洗礼。泰山顶峰的岱庙内，相传有汉武帝栽种下的柏树，那柏树现在翠影婆娑，俨然已成了栋梁之才，正呼应了“前人栽树，后人乘凉”之说。红门宫前，孔子“登泰山而小天下”的感慨还在继续向天下人宣示泰山的雄伟高大，让人对泰山的敬畏油然而生。回马山上，唐玄宗勒马而回的怯懦已然刻于岩石之上，历史仿佛凝固在这一瞬间，就如亲眼所见一般，感慨历史风云之变。云步桥畔，秦始皇敕封的五大夫松，虽然瘦弱，但也气势强劲，向游人展示着不屈不饶的精神。十八盘道，李白、杜甫等历代文人即兴而作的诗赋，豪风犹在，让人羡煞他们的才情和随性的自由生活。碧霞祠里，隆重的封禅仪式已经开始重新上演，我们仿佛看到了那个规矩有序的封建时代，人们对于碧霞元君的信仰是如此的虔诚。此外还有岱庙、普照寺、王母池、经石峪、碧霞祠、日观峰、南天门、玉皇顶等主要名胜古迹。这些古迹都包含了人们的智慧，都属于人为创造的景观。据不完全统计，泰山全山有古建筑群 20 多处，历史文化遗迹 2000 多处，历代文人雅士吟咏题刻和碑记更是多得无法计数。其中，著名的古遗址有 42 处，古墓葬 13 处，古建筑 58 处，碑碣 1239 块，摩崖刻石 1277 处，石窟造像 14 处，近现代文物 12 处，文物藏品万余件。从这些文化遗迹足以看出先祖们在泰山的活动足迹，可以说，今日泰山的声望是与从古至今的人类活动是分不开的。

（四）泰山最具代表性的人文景观

1. 岱庙坊

岱庙坊位于岱庙正阳门前，据史书记载，岱庙坊为清康熙十一年山东巡抚、兵部右侍郎赵祥星与提督布政使施天裔建造。岱庙坊是一座石头建筑，庙内布局为重梁四柱，全庙坊通体刻满浮雕。而且它的造型非常雄伟，雕工也异常精细，可谓清代乃至现在石雕建筑中的珍品。坊柱上刻有对联：“峻极于天，赞化体元生万物；帝出乎震，赫声濯灵镇东方”，从诗句中我们可以感受到此联意境开阔，才气豪放。另外，岱庙坊前后的抱鼓石上各有两对圆雕蹲狮，这两对狮

子姿态各异，生动活泼，每每令游人驻足，留连忘返。

2. 汉柏

在岱庙的汉柏院内，有五株汉柏，这五株松柏树不像其他普通的柏树那样直立生长，它们树形奇特，扭结盘曲长在一起，比起其他的松柏更是郁郁葱葱。让游览至此的人们都为它们的顽强、旺盛的生命力和这种扭结之美而发出感慨。原来这五棵柏树是有来历的。据汉《郡国志》记载，这五株柏树是汉武帝登封泰山时栽下的，可能是沾了帝王之气的缘故，所以长得格外葱郁，远观就像是织女手织的屏风。后来，清朝皇帝乾隆南巡游览泰山时，曾绘制过一幅《汉柏图》，并写了《题汉柏作》一诗刻在石头上，这也增添了五株松树的人文价值。

3. 泰山刻石

还有一大人文景观堪称泰山游赏之最，那就是泰山刻石。凡是登临泰山之人，在上十八盘之前,都要先岔小路去观赏一下这些石刻。这个刻石不是“泰山石敢当”这样的刻石，而是秦朝的泰山刻石。秦泰山刻石位于岱庙东御座内，是所有泰山石刻中年代最早的作品。刻石铭文为秦始皇功德铭和秦二世诏书，由丞相李斯篆书。这些刻石原来是在岱顶玉女池旁边，后来被移送至此。据史书记载，秦泰山刻石原文有 220 个字，但历经千百年沧桑，由于自然和人为的破坏，现在仅存 10 个字，而其中只有“臣去疾臣请矣臣”7 个字完整，其余 3 个字，依稀可辨为“斯昧死”。秦泰山刻石带给人们的研究与玩赏价值是不可估量的，尤其对历史学家考证历史更是如此。目前秦刻石已经被列为国家一级文物，堪称稀世珍宝。

二、泰山的自然风光

众所周知，泰山的自然风光是泰山最吸引人之处。泰山主峰玉皇顶海拔1532.7米，突起于华北平原，凌驾于齐鲁丘陵，相对高度差达1300多米，视觉效果格外开阔，在这种视觉效果下，形成了泰山“一览众山小”的高旷气势。泰山延绵范围大约为200余公里，盘卧方圆426平方公里，形体集中，有厚重安稳之感。泰山岩性坚硬，图案奇特诡异。古松与巨石相互衬托，云烟和朝日彼此辉映、突兀峻拔、耀眼磅礴。泰山具有极其美丽壮观的自然风景，其主要特点为雄、奇、险、秀、幽、奥等。泰山巍峨、雄奇、沉浑，峻秀的自然景观常令世人慨叹。泰山山峰峻拔、雄伟多姿，是天然的山岳公园，而且泰山山谷幽深，松柏漫山，“横看成岭侧成峰，远近高低各不同”，我想这句诗不仅适用于庐山，同样也适用于泰山。身处泰山，无论从哪一个角度看，总能发现它与众不同的美。

（一）泰山的“雄壮”之美

许多人都认为泰山有“雄壮”之美，造成这种视觉印象的原因是，泰山与周围平原、丘陵形成了强烈的高低对比。大自然仿佛是一位杰出的雕塑家，他精心地把泰山这座巨型雕塑安放在一个最协调的自然环境中。这样一来，由于泰山四周是齐鲁平原，使得泰山有一种“拔地通天”的气势，使人产生“会当凌绝顶，一览众山小”的感受。泰山的自然风景还有一个特点是形体厚重。泰山的山势之美，集中表现在形体上，所谓“泰山如坐”就突出了泰山的这个特征。“如坐”二字恰如其分地描绘出了泰山的安稳。而泰山形体的集中、山势陡峭、使得泰山有“其体磅礴，其势穹窿”的气势。所谓“重如泰山”“徽如泰山”也是对上述自然特征的反映。

（二）泰山的“四大奇观”

泰山有如此众多的自然美景，让人数不胜数。而游泰山一定要去看四个奇观：泰山日出、云海玉盘、晚霞夕照、黄河金带，这四大景观被形容为“风景这边独好”。

“泰山日出”是泰山最壮观的奇景之一。几乎每个来泰山旅游的游客，如果天气允许，都会在山顶看日出，这已成为众多游客心中向往的事情。如果恰逢天气晴朗，每当黎明时分，站在泰山岱顶举目远眺东方，就会看见一线晨曦由灰暗色变成淡黄色，又由淡黄色变成橘红色，此时天空的云朵红紫交辉，瞬息万变，漫天的彩霞与地平线上的茫茫云海融为了一体，犹如一幅巨大的油画从天而降。大自然在此刻仿佛是一位绝世画家。随后在浮光耀金的海平面上，一轮红日慢慢地掀开了云幕，撩开了霞帐，像是一个害羞的姑娘披着五彩的霓裳，又像是一个飘荡的绚丽的宫灯，冉冉升起于天际，顷刻之间，金光四射，群峰都被染成了金色，就连身边的同伴也都成了“金人”，整个世界都是金灿灿的。一派壮观而神奇的海上日出就这样展现在世人眼前，这种惊叹与喜悦之情恐怕是用语言无法描述的，只有亲身经历过的人才会有如此感受。

游泰山必看的第二个景观是“云海玉盘”。从字面看起来好像与云雾有关，事实上也确实如此。泰山所处的气候使得泰山多云雾，云雾的威力在泰山可谓呼风唤雨，变幻无穷。有时山风呼啸、云雾弥漫，让人如同落入盘古开天辟地之初的混沌世界，辨不出东西南北；有时顷刻之间便黑云压城、气势逼人，让人连躲都来不及，大有“山雨欲来风满楼”之势，惊心动魄。如果您游玩泰山时遇到这种天气，千万不要灰心丧气，以为走了霉运，而错过游玩的最好时机。恰恰相反，你将要见到云海玉盘的奇景。这也是千载难逢的好机会。观看云海玉盘时，有时会白云滚滚，让人像亲临传说中的仙境一般；有时会乌云翻腾，让人有在海中将要翻船之恐惧；有时白云一片，就像走进了遍地的棉絮之中；有时云朵填满了山谷沟壑，像是连绵无垠的汪洋大海，而那座座峰峦恰似海中仙岛。此时站在岱顶上，向下望去，山间片片白云与天空滚滚的乌云融为了一体，汇成滔滔奔流的“大海”，其壮阔美令人心潮起伏、难以平静。

到泰山必看的第三个自然景观要数“晚霞夕照”了，这又是大自然的得意之作，又是它赐予我们的神奇礼物之一。每当夕阳西下的时候，若漫步在泰山山顶，又适逢阴雨刚过，此时则天高气爽，仰望西天，朵朵残云如峰似峦，在夕阳的照射下，一道道金光穿云破雾，洒向人间。同时，在夕阳映照下，云峰之上像镶嵌着一层金灿烂的亮边，间歇闪烁着如奇珍异宝般发出的那种耀眼的光辉。这时再看那五颜六色的云朵，就像是巧夺天工一般，不断地变换着，让人有奇异莫测之感慨。如果云海在此时出现，满天的霞光就会全部映照在泰山这个“大海”上，此时这个壮丽的景色，这幅大自然生动的情趣画面，就更加令人陶醉了。这景色与早晨的日出不一样，二者正好是互补之美。

最后一个不可不看的泰山风景便是“黄河金带”。同样是在夕阳西下时，举目远眺，在泰山的西北边，透过层层峰峦，就可以看到黄河如一条金色的飘带在闪闪发光。这是河水反射到天空所造成的美景，人们把它叫做“黄河金带”。黄河金带是这样一种美景，它波光粼粼，银光闪烁，黄白相间，如同金银铺设的一般，从西南流向东北，一直伸向天地交界处。这种美在古代就已被人们发现了，许多文人都对此景作出感慨之言。清代诗人袁枚曾在《登泰山诗》中对“黄河金带”进行了生动传神的描写：“一条黄水似衣带，穿破世间通银河”，由此可见，“黄河金带”这个美丽的风景在古代就受到人们的喜爱了。

另外，需要一提的是，“晚霞夕照”与“黄河金带”的神奇景色，与季节和气候有着很大的关系。为了能使登泰山者充分领略和享受这些奇观美景，就必须选择恰当的旅游时机。从季节上来考虑，秋季最好，因为这时风和日丽、天高云淡。从具体时间考虑，最好是在大雨之后，这时天空留下的残云萦绕在泰山周围，就显得天晴气朗，空气清新干净，山水也格外清秀。此时你尽可放目四野，饱览“江山如此多娇”的秀容美貌。不过需要注意的是，雨后登山要注意安全，以免山高路滑，受到伤害。

（三）不同季节中的泰山

前面是从自然风景方面对泰山的风景进行了一些简单描述。下面从时间及季节方面

来描述一下泰山美景，主要是描述春夏秋冬这四个季节中泰山的自然风景。

春天的泰山别有一番韵味。每年新春过后，泰山就开始了苏醒、重生。春天的泰山山上山下一片青翠，到处显示着生命的迹象。其中，大片的绿色中夹杂着红白黄等颜色，把泰山装扮得格外美丽。俗话说“一年之计在于春”，所以泰山这种富有生命力的美景，吸引着无数的中外游人前来踏青赏春。在泰山，你可以看到红的桃花、白的杏花、金黄的迎春等数不尽的花儿，它们竞相绽放，香气袭人，整座泰山像是花的海洋。

夏季泰山隐藏在层层林海和茫茫的云雾之中，如果天气放晴，泰山满山青翠欲滴，处处流溢着蓬勃的生命力。每当微风吹起，总能听见阵阵松涛声，如同听见天籁之声。对于此景，清代乾隆帝曾有“岱宗最佳处，对松真绝奇”的咏叹。

秋天是泰游览山最佳时节。此时温度适宜，不冷不热。最重要的是，此时是泰山自然景色色彩最丰富的季节。若此时站在泰山山顶，远远望去，层林尽染，每一种树木带都被大自然染成了一种独特的颜色。黄栌、五角枫、花楸被染成了红色，叶红似火；银杏、紫椴被涂成了金黄的颜色，叶黄如金；松柏还是老样子，坚持着自己的格调，依然青翠如昔；栎树、水榆、槭树的颜色不像前几种树木那样颜色鲜艳，但正是由于这样，才在众多颜色中给泰山增添了美的层次。卫矛在青绿的松柏的衬托下，就像是万绿丛中一点红。而与卫矛相媲美的爬山虎，也变成了红色或是紫色，显得格外的刺眼。看了这些美景，让人觉得大自然就像一个使用大手笔浓彩作画的画家，把泰山描绘得分外美丽。

冬天的泰山万物凋谢，但此时游玩泰山却别有一番韵味。这时泰山上的松柏顶风冒雪依然傲立在山巅，青绿如昔，向世人展示着不屈不挠的顽强精神。而挺拔的竹林也给泰山抹上了一团团翠绿，虽然不像松树那样苍翠，但是也足以说明它具有不畏严冬的精神。如果遇上雪后初霁，那景致更是妙不可言，整座大山银装素裹，天地间一片雪白，一尘不染，冬天的泰山能够开阔人的眼界，也开阔人的心境。另外，冬天的泰山也是色彩斑斓的，虽然与春天的五彩绚烂不同，但是各有千秋。这时的泰山有绿色的树木，红色的寺庙墙壁和黄色的瓦片以及天地间的皑皑白雪，还有那份难得的清新和宁静，置身于其中，使人心旷神怡。

总体来说，无论是在哪一个季节观赏泰山都是别具风味的，都会让你觉得不虚此行。

（四）泰山风景的独到之处

泰山有许多不同于其他名山的自然风光，而泰山的盛名，或者说泰山的独特之处，比如泰山石，也是游览泰山不能不看的一大景观。

这里说的泰山石不是“泰山石敢当”，也不是秦刻石，而指的是泰山的石头。泰山奇石多出自泰山谷底。造成这种现象的原因是因为泰山峰高谷深，水流落差大，冲刷力猛。每到雨季，一些碎石随雨水滚滚而下，就这样，千万年来便冲刷出无数卵石，造成了泰山石精美的形状和纹理图案。泰山石颜色铁青，纹理呈雪白色，造型也千姿百态，令人爱不释手，而且石头图案千变万化，有非常高的玩收赏藏价值和研究价值。考古收藏家及学者想要研究的形、纹、色质、音等，这些奇石全都具备。泰山石的最奇特之处在于它的纹理图案与石体本身在色泽上反差很大，因此特别醒目，观赏性极强。

那么泰山石这种独特的石头是如何形成的呢？据考古学家和地质学家研究，泰山石的石质为泰山岩群变质岩。泰山岩石品种有斜长片麻岩、黑云母角闪斜长片麻岩、片麻状花岗岩、花岗片麻岩及细粒角闪石岩等。由于亿万年来的地壳运动和大自然的风化腐蚀作用，造成了今日泰山石的丰富种类。泰山石质地坚硬，表面粗糙，是一种极佳的建筑材料。研究表明，这种岩石形成于 25 亿年前，但奇石图案的形成是在变质作用的后期，是由晚期结晶的浅色矿物斜长石、部分钾长石和石英等填充于不规则的原生裂隙中结晶而成。还有的是在岩石基本形成和固结后，由于地下热流局部通过，引起深部岩石部分重新熔化，使那些先被熔化的斜长石石英等浅色矿物所形成的岩汁上升，随之填充到那些稍浅且因为温度降低、岩石收缩而产生的裂隙中，这样就形成了各种网状、枝页状、条带状、

团块状等大的山脉岩石块，其中一部分脉体岩石表面已经显露出象形图案或文字。随后经过亿万年的地壳运动，这些岩石又裸露于地表，受到风吹、雨淋、日晒及寒暑交替变化等自然力作用，表层岩石逐渐破裂，形成大小不等的孤立石块。而那些原地未动的大型块体，在进一步经受风化、剥蚀等外力作用下，形成了大型奇石景观。另一部分块体则在重力作用下，自然崩落，随着雨水进入沟谷河道，接着经流水冲刷和砂石磨砺成小型奇石块体。这就形成了现在人们所看到的千奇百怪、形态各异的泰山奇石。当然，泰山的自然美妙之处远不止这些，像这样的奇妙之处泰山还有许多，这些都需要您亲自去发现。

三、泰山的历史

（一）泰山名称的演变

泰山之名，首见于《诗·鲁颂·宫》："泰山岩岩，鲁邦所詹"。泰山，古称东岳，又名大山、岱山、岱岳、岱宗、泰岳，并且这些名字多次在诸子书籍中出现。如孟子云："孔子登东山而小鲁，登太山而小天下，故观于海者难为水，游于圣人之门者难为言"，这里用的就是"太山"二字。墨子云："夫挈太山而越河济，可谓毕劫有力矣，自古及今未有能行之者也"，这里用的也是"太山"二字，韩非子云："故古之能致功名者，众人助之以力，近者结之以成，远者誉之以名，尊者载之以势。如此，故太山之功长立于国家，而日月之名久著于天地。"等等。以上三则例子都说明"太山"指的就是"泰山"。学者王力认为"大""泰""太"为同源字，并从词源学的角度对泰山名称进行了分析。他翻阅了多本史书，最终得出结论：泰山本来应该写作"大山"或者"太山"，是大山的通称，后来用于特指东岳泰山。易泰卦文引马注："泰，大也。"段玉裁曾说："后世凡言大，而以为形容未尽，则作太。如大宰俗作太宰，大子俗作太子，周大王俗作太王是也。"看到这里就彻底明白了，在古代，大、太和泰三个字表示同样的意思。"大"在甲骨文与金文中均见其形，读音为"太"。古人太字多不加点，如大极、大初、大室、大庙、大学之类，而后人加点来区别大小之中的大小，于是大和太分为二字。按古文字的传统读法，"大"有"大""太"和"代"三种读音。故从"太""泰""大"在古文献中的意义推断得知，在古人心目中，泰山(或太山、大山)是天下第一大山，称之为"太山"。由此可知，在泰山(或太山、大山)名称初创之时，它已被人们视为观念与视野中的第一山、首山。而称泰山为岱、岱山、岱宗集中于两汉时期，是这一时期的人们对泰山的新的解读与阐释，而阐释与解读这种观念的基础是阴阳五行思想。在这种思想与观念下，"岱"具有了万物相代与阴阳交代的文化意义。

古代著名教育家孟子曾说；“孔子登泰山而小天下”，这句话成为赞美泰山最美好的句子。汉武帝登封泰山后称颂它：“高矣、极矣、大矣、特矣、壮矣、赫矣、骇矣。惑矣。”在传说中，泰山是一座上帝和众神居住的神山。大约七八千年前，我们的祖先就在这里繁衍生息，大约在4700年前，炎黄二帝就活动在这一带，它创造了灿烂的华夏文明。古籍云：“昆仑之虚，黄帝之所休”“昆仑之丘，黄帝之宫”。这座古昆仑山就是上古的“中岳”、当今的东岳泰山。可见，泰山的历史是源远流长的。

（二）泰山文化功能的演变

泰山的历史文化演变，可以从它在人们心目中的演变分为几种不同类型。

大体说来，早在先秦之前，泰山在人们眼中就是一座自然山，一座高大的山脉，后来由于出现了图腾崇拜，泰山也就成为朝拜的对象。先秦至秦汉晚期由于深受东方民族的崇拜，泰山逐渐同国家政权发生了联系，发展成为帝王告祭上天的场所，成为封建统治者用来以宣示君权神授的政治舞台，泰山也因此成为历代王朝政治兴亡的晴雨表，统治者利用历史形成的自然崇拜直接为其政治统治服务。君权与神权并重，宣扬神权，这一历史时期，可以说是泰山作为“政治山”的形成时期。魏晋到南北朝期间，各大宗教相继在我国广泛传播，在社会上产生了深远的影响，同时各民族也进行了大融合，少数民族也逐渐接受了泰山崇拜。这一历史时期，可称之为“宗教山”形成时期。隋唐宋金时期，中国文学艺术发展达到了一个顶峰，文人雅士竞相游山玩水，畅舒豪情，留下了大量脍炙人口的诗词文章。虽然此时也有帝王在泰山进行封禅祭祀，但是泰山的文化主体已经换成了文人墨客。这一历史时期，可称为“文化山”的形成时期。泰山民间信仰起源很早，但在全国引起影响则开始于宋元明清这几个朝代，随着碧霞元君信仰的传播，涌现出一个到泰山进香的高潮，此时泰山的主体游客已经从文人墨客转变成了普通的老百姓，老百姓争先恐后到泰山祈福，于是泰山成了大众百姓的山。这一历史时期，可称之为“民俗山”的形成时期。

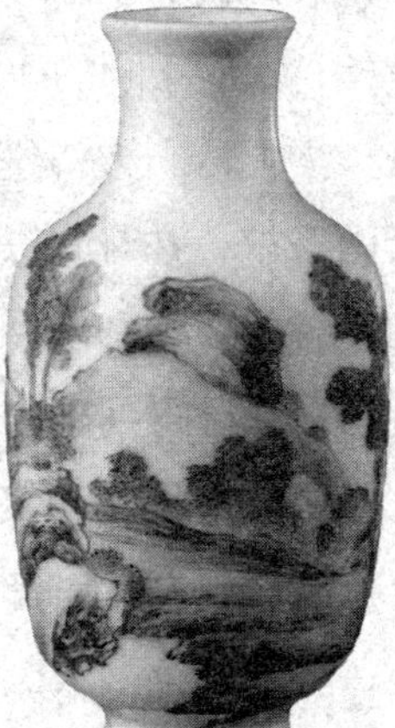

1. 政治山

具体说来，泰山独特地位的形成始于先秦至秦汉时期，在此之前，即在人类初始时期，原始各民族就有崇拜图腾的习俗，华夏民族当然也不例外。而此时的泰山正因为位于广阔的华北大平原上，高大雄伟，万物繁茂，自然就成为人们的崇拜对象。由于泰山一带为当时重要部落的聚居地，而且据说黄帝、少昊等重要部落都发祥于此，泰山遂在各座大山中脱颖而出，成为中国古部落联盟的疆域与势力的标志物。

史书记载，夏商两代君主都曾到泰山朝拜，使得泰山的声名有了大幅度的提升。而周人自称为泰山的子孙，周代立国后，曾有“河东曰兖州，其山镇曰岱山”之说。这一时期泰山作为兖州之望的政治地位已经得到了确立。随后，周代对山岳祭祀进行了等级化和制度化的规定，进一步提高了泰山的尊崇程度。但是这一时期内只有天子有权祭祀天下名山大川，而诸侯只能祭祀其受封疆域内的名山大川。因此在泰山祭祀上，只有周天子与鲁国的掌控者，也就是诸侯享有此祭祀权。也正是由于这个原因，泰山在鲁国便赢得“独尊”的地位。从《诗经·鲁颂》所咏“泰山岩岩，鲁邦所詹”之辞中，就可以看出鲁人视泰山为尊崇的态度。

战国以后，齐国产生了五行学说，这又使对泰山的信仰推上了一个新的高度。这一学说认为：东岳泰山代表着东方、春季和青色，是生命力旺盛的象征，于是泰山便有了一岁之首、万物之始的含义，随后自然而然地引申为人的一生之始，家族子嗣的一代之始，更是一个王朝的改朝换代之始。

秦灭六国大一统之后，秦始皇不远千里，不嫌舟车劳顿，亲自率众臣来到泰山祭祀，并对它进行册封，将泰山一举推上了国内第一山的位置。为什么秦始皇偏偏要在泰山举行封禅大典呢？有学者认为秦始皇一族起源于泰山，这个观点现在已得到越来越多学者的认同，所以秦始皇才会选择在泰山进行朝拜祭祀。由此可见，秦代选择泰山作为封禅之所，是有其深远的历史渊源的。到了汉代以后，这种封禅制度已完全沿袭下来，并且泰山的地位也得到进一步的提高，变成了全国人民心中的国山，开始成为中国影响最大的山岳。后世“五岳之宗”“五岳独尊”及“天下名山第一”之说，都是来源于此。

2. 宗教山

魏晋南北朝时期是中国历史上比较混乱的一个时期，此时战争不断，民不聊生，但也正是因为这种混乱促进了民族、文化和宗教的融合。在此之前，泰山就已具有了巨大影响，即使在这种混乱时期也保持着第一位的位置。由于战争等原因使得少数民族大量涌入中原，并建立了政权，他们崇尚汉文化，认真学习汉文化，从而也学习了汉文化的代表泰山文化，使得泰山文化跨越了民族的鸿沟，被越来越多的人接受。大量的史书材料表明，羯、氐、鲜卑等北方少数民族在进入中原后，逐渐接受了汉民族的泰山信仰。进入南北朝后，鲜卑族建立了北魏政权，入主中原后，逐步融合于汉文化中，由此可知，五岳信仰也较早被其他民族所接纳。

同一时期，泰山在民间的影响也明显扩大。这种结果是由两个原因造成的。此时佛教和道教也传入泰山，这两种宗教影响着人们的信仰，在与当地的信仰融合之后，遂产生了泰山神等原型信仰。在南北朝以后，泰山神已确立像设。从此泰山神的“神性”日趋清晰且不断人格化、帝王化、成熟化，最后演变成今天的泰山神。

因此可以说这一时期是泰山成为“宗教山”的主要时期。泰山宗教信仰即是在此时形成的。

3. 文化山

唐宋时期是泰山首山地位明确确立的时期。这一时期帝王将其视为祭祀的最高场所，而国内各族人民也已欣然接受了泰山神，此时泰山信仰也已由国内传至国外，直到今日，“泰山府君”依然是日本信仰度最高的中国神。这些都足以说明，泰山信仰的传播是何等的广泛，泰山、泰山文化、泰山信仰和泰山历史深得民心。

自隋朝统一南北后，泰山作为中华大一统昌盛的象征，又引起了世人的关注。隋文帝曾于开皇十五年临幸泰山，并在山下设坛致祭。隋代时虽未进行封禅大礼，但却在泰山下进行祭祀，在某种程度上也延续了秦汉崇岳的传统，同时又为唐代封禅泰山开启了先声。隋朝时还制定了一些祭祀泰山的规矩，这些为后来的朝代祭祀泰山做了榜样。

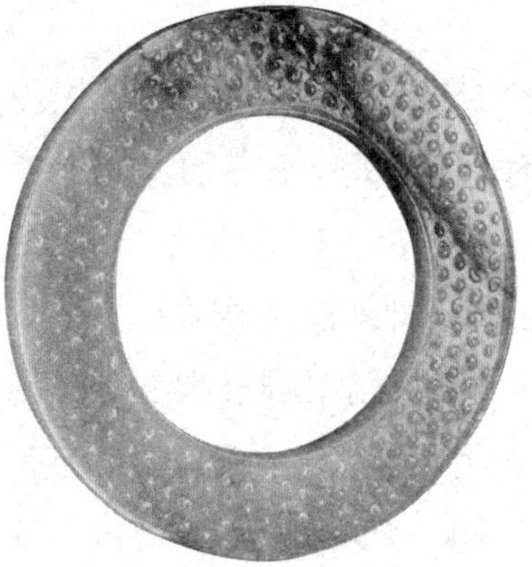

唐朝开国后，武德、贞观之际发布崇岳祭祀规定。其中部分内容是这样写的："五岳、四镇、四海、四渎，年别一祭，各以五郊迎气日祭之。东岳岱山，祭于兖州……其牲皆用太牢。"这足以看出五岳在帝王心目中的位置。唐高宗与皇后武则天曾于乾封元年封禅泰山，对泰山进行祭祀。这是继汉光武帝之后六百年中的首次举行封禅之典，使泰山再次成为举国瞩目的焦点。开元十三年，唐玄宗对泰山进行封禅，封它为"泰山神为天齐王，礼秩加三公一等，近山十里，禁其樵采"。这体现了唐玄宗对泰山的爱护和尊重。由于唐代帝王的多次封禅，使泰山的"神威"大大提升，而且朝廷对泰山加以封号，也显示了对泰山神人格化的一种认同，进一步促进了泰山信仰的传播。

泰山信仰在此时不仅遍传域内，而且还远及海外。唐代中日关系密切，日本遣唐使多次来泰山参加封禅大典。据史书记载，唐大中元年，日本高僧圆仁自唐返国时，带走了泰山府君造像，归国后就在日本建祠以祀，传播泰山神的威力和感召力，从此泰山信仰也传遍了日本。

4. 民俗山

金元明清时期，由于女真族建立的金国和蒙古族建立的元朝先后在中原地区进行统治，改变了汉族文化的旧有格局，汉文化不再局限于本民族，因而泰山信仰也面临着自南北朝以来一场规模空前的挑战。金朝建国之初，女真人对于汉民族的泰山信仰自是难以认同。但随着女真族的日益汉化，泰山信仰也逐渐被女真族人所接受。随后，泰山被金朝正式列入祀典。总体来看，金朝帝王对泰山的重视丝毫不比以前的汉族帝王少。据史书记载，大定十八年，泰安东岳庙不幸遭受火灾。火灾之后，金世宗亲自下诏对庙庭作大规模的修建，要求尽量进行复原，并亲自裁定修复后庙殿的名称，事后诏翰林学士杨伯仁撰写碑记。从这一系列的做法中可以看出金朝帝王对泰山的重视，这也从另外一方面说明泰山已被其他各民族所认可。元朝对泰山也是推崇至极，在元大都，出现了奉祀泰山的东岳仁圣帝宫，元英宗赐庙额为"东岳仁圣宫"。这是东岳庙首次在统一的帝国首都出现，这对泰山信仰产生了巨大的推动作用。之后，各地出现了兴修东岳庙的高潮。这时泰山信仰不仅传遍内地，且远及边疆各族。

同一时期，还出现了一项重大变化，即泰山祭祀的重心由朝廷逐渐转入民间。在传统的泰山祭祀中，泰山由帝王专祀，绝不容许民间百姓参与祭祀。但随着宋代以来民间泰山崇拜的盛行，打破了由朝廷包办泰山祭典的局面，虽有大儒们的严厉斥责和朝廷官府多次严禁，但这一信仰还是成了时代的潮流，仅凭几张嘴和一纸公文已很难禁绝人们疯狂的崇敬之心。此后，泰山信仰风俗愈演愈盛，每逢明清之时，对碧霞元君和泰山神的崇拜已完全压倒了帝王们的专祀，渐渐成为泰山信仰中的主流。

到了清代，由于满人与汉民族有着截然不同的信仰传统，所以满洲骑兵从山海关进入中原之后，就面临着如何面对汉文化这一难题，而作为汉族传统文化重要方面之一的泰山信仰更是让他们伤透了脑筋。最后，清朝的帝王都认同了泰山文化的信仰，都去祭祀东岳泰山。顺治帝亲政当年就宣布恢复自明亡以来而中断的遣使致祭制度。康熙统治期间，泰山文化已传播至全国各处，而且清朝的统治者在心理上也较多地接受了泰山文化。乾隆帝一生曾十次巡幸泰安，六次登临岱顶，创下了帝王登岱的最高记录。他还为泰山作诗文，总共多达一百余篇。他在代表作《重修岱庙记碑》中称："泰岱位长群岳，称宗最古，表望最尊。"又称："维岱大生，秉苍精化醇之气，用克推演鸿厘，绥祚我皇极。"在乾隆帝的影响下，泰山各庙庭在此时得到了扩建。

（三）伟大的泰山历史

新中国成立以后，人们对传统文化进行重新评估，国人一方面继续批判泰山文化的负面作用；另一方面也开始关注泰山所承载的优秀传统文化这一层面。如历史学家王献唐曾指出："中国原始民族起于东方，东方尤以泰岱一带为其故土，木本水源，血统所出，泰山巍然，同族敬仰。"另有一些学者则从精神文化的角度，对泰山的精神特质进行评说。教育家许兴凯先生，曾对泰山作出如下评论："泰山！五岳之首的泰山！本来是我们中国的象征。国是个概念，需要一个具体的东西来代表他。这个东西不是河，就是山。比如德国的莱茵河，日本的富士山。我们中国也是这样。这河，我以为就是

黄河。这山，我以为就是泰山。黄河流域是中华民族的发祥之地，也是世界古文明的策源。中国的五岳本来是早年中国国境的五至。因为五岳以泰山为首，所以泰山可以代表我们中国。”这种观点代表了这一历史时期中国人对泰山文化的重新审视。多数人开始对泰山有了正确全面的认识。泰山虽在漫长的历史时期中被封建统治者利用、神化，但若剥去其神秘的外衣，却凝聚了民族精神与文化的丰富内涵。现在，人们已把泰山视为精神上和人格上的象征，泰山已成为现代中国人乃至全世界人的精神投射物。

四、泰山的文化

何谓文化？《辞海》中是这样解释的：文化，广义上指人类社会历史实践过程中所创造的物质财富和精神财富的总和。狭义上指社会的意识形态，以及与之相适应的制度和组织结构。在日常词汇中，文化是指文学、艺术等，扩大一些则包括宗教、风俗、习惯及信仰、道德等。由此定义可知，泰山文化也就是指泰山的文学、宗教、风俗、习惯以及信仰等等。所以要想了解分析泰山文化必须从这几方面入手。

（一）经久不息的泰山文化

对于泰山文化，学者们多有论述，也曾在全国展开热烈探讨。泰山文化常作为专有名词而被广泛使用。众所周知，泰山的风景虽然让人心生感慨，但泰山文化更能让人铭记于心。从某种意义上来说，泰山正是因其深厚的文化底蕴才被人们所认可。清代经学家、方志学家阮元在《泰山志》序中提及泰山时，曾发出“山莫大于泰山，史亦莫古于泰山”这样的感慨，可见泰山的历史之古老。现代著名学者郭沫若先生曾说：“泰山是中国文化史的一个局部缩影。”原北京大学校长季羡林先生则称“泰山是中国文化的主要象征之一。欲弘扬中华文化，必先弘扬泰山文化，这是顺理成章的事”。从这些话中足见泰山文化的厚重及其非同一般的地位。

那么泰山文化为什么会如此经久不衰呢？究其原因是因为它关系着人类普遍注目的切身利害问题。众所周知，人类自从对自身的寿命有感知之时起，就对人自身的“生”与“死”十分关切。“人生不满百，常怀千岁优”，这是最真实的心理写照。的确，这是一个不能回避的问题。人究竟从何处来又最终向何处而去？几十年的光阴匆匆而过，我们应当如何度过？按照中国古代阴阳五行学

说，为“甲乙东方木”，他们倡导东方主生。而泰山雄峙天东，自然就是主生。他们对泰山的敬畏是从心底发出的，因为泰山对生命有着赐予、收回的权力。这一点在古代帝王封禅祭祀中都有所体现。秦始皇与鲁国儒生研讨泰山封禅仪式时，儒生们都认为要爱护泰山的草木，汉武帝上泰山封禅时，因为季节过早，草木尚未发芽，因而只能延期进行封禅。这些都是敬畏泰山主生的例子。

另外，自然之“生”和人生之“生”相应，于是泰山神也被赋予了坤德，与生育有着极其密切的关系。这也是普通群众朝山敬香的重要原因之一，祈求生育，求子求福是老百姓毕生所追求的目标。时至今日，泰山上还常常见到以红绒绳系树枝，以石子相垒求子的风俗习惯，这些都是求长生求子的泰山文化表现。正是因为符合了人们切身的利益，所以泰山文化才会这样的经久不息。

（二）多主体的泰山文化

泰山文化开始于原始的自然崇拜。每个民族在从幼稚走向成熟的过程中，都经历了图腾崇拜这一时期。远古时代，人们在自然面前是那样幼稚与胆怯，一道闪电，一条河流，一座大山都让他们觉得有神秘和畏惧之感，所以最初的崇拜也就开始了。从某种意义上来讲，山既是人类文化心理上安定与稳固的象征，又是人类活动范围的地理标志；既是强大的部落酋长号召人群聚集的场所，又是人类因自然条件变化而难以征服的对象。远古的高山崇拜，大约因此而逐渐形成。泰山作为中华民族朝拜的圣山，从黄帝时就开始，而且贯穿了整个民族生存和发展的全过程，这是世界上其他任何一座大山所无法比拟的。原始崇拜这一形式后来演变为历代帝王的封禅祭祀，而泰山因地处东方、形体高大、气势雄壮，完全符合中国“万物皆相代于东方”的传统观念。也正因为如此，泰山成为人们心中的吉祥之山、神灵之宅、紫气之源、万物之所、神圣之山等等。

泰山周围人类活动十分久远，早在五千年前，就已有古人类在此进行原始崇拜。据考古资料显示，泰山在几十万年前就有猿人活动。新泰乌珠台少女牙齿化石的发现，证明在五万年前，泰山附近的人类社会就已进入旧石器时代。

在原始崇拜习俗的影响下，帝王的封禅将泰山推到了“与天相齐”的高度。泰山因其高而被视为连接天地、“直通帝座”的最佳场所和通道。因此，受天命作为帝王的“天子”必去泰山封禅，以示登上宝座乃是天命，上天赐之，随后演变成帝王权力的象征。据《史记》引用《管子·封禅篇》说：“古者封泰山、禅梁父者七十二家。”可见，早在先秦时代就有帝王封禅或祭祀泰山。但是这些都没有确切的证据，目前发现的最早列入史实记载封禅泰山的皇帝是秦始皇。秦始皇统一中国后，随后就对泰山进行了封禅。史载“而遂除车道，上自泰山阳至巅，立石颂始皇帝德，明其得封也。从阴道下，禅于梁父。其礼颇采太祝之祀雍上帝所用，而封藏皆秘之，世不得而记也”。在秦始皇去世之后，他的儿子秦二世也相继封禅泰山，并命李斯书诏勒于始皇所立石侧。到了汉代，汉武帝刘彻相继八次封禅泰山。建武三十二年(25 年)，汉光武帝刘秀东巡封禅。唐初，“贞观之治”的太平盛世后期，唐高宗李治，在皇后武则天的陪同下，于乾封元年(666 年)封禅泰山。唐玄宗李隆基于开元十三年(725 年)到泰山封禅，留下摩崖石刻《纪泰山铭》供后人欣赏。宋真宗于大中祥符元年到泰山的岱顶与社首谢告天地，并从此改封禅为祀神，从而成为中国历史上最后一个到泰山封禅的皇帝。此后，皇帝到泰山便进行祀神，这种制度一直沿袭到了清朝，由于清朝建立者是满族人，因此不太了解汉文化，只是派遣一些重要大臣代他们前去祭祀，后来即使清朝皇帝临幸泰山，也只是游玩观赏。

对泰山文化的形成做出贡献的还有大批的文人墨客。这些文人墨客将泰山视为高层次精神文化的审美对象。对他们而言，泰山既不是封建统治者眼中“神道设教”的象征物，也不是普通老百姓心中镇妖避邪的神灵，而是一座蕴藏美质、激发灵感、触动爱国情思的灵山、美山、自然山。

早在春秋时代，孔子就有了“仁者乐山，智者乐水”的审美观，并曾游览泰山多次，其后又有了孟子“孔子登泰山而小天下”的名言。汉代的大批文人如班固、蔡邕、马融、应劭等都曾登临观赏过泰山。中国历史上第一位伟大的史学家司马迁发现

了泰山形象所蕴涵的人格价值，曾发聋振聩地提出：“人固有一死，或重于泰山，或轻于鸿毛，用之所趋异也。”他所想到的最崇高、最有价值的人格象征物就是泰山，他提倡人们应该拥有泰山般的人格。三国时的曹植也曾游览过泰山，并留下“晨游泰山，云雾窈窕”的感慨。晋代陆机有“泰山一何高，迢迢造天庭”的诗句，南朝著名山水诗人谢灵运，登泰山后写下了歌颂泰山的———《泰山吟》。唐宋以后，文人志士游览泰山之风更盛，泰山的自然美得到了深度发掘和颂扬。大诗人李白在游览泰山之后写下“天门一长啸，万里清风来”这样的豪迈诗句。同一时期的诗圣杜甫在《望岳》中写道：“会当凌绝顶，一览众山小”，宋代的苏轼、黄庭坚等也都在泰山留下了诗文墨迹，以表喜爱之情。文人志士对泰山的这种推崇之风从未中断。

（三）民间信仰对泰山文化的影响

凡是登临泰山的人，不论国内游客还是外国游客，没有不拜见泰山奶奶——碧霞元君的。据说，碧霞元君能为众生赐福，消病去灾，所以泰山的香火至今缭绕不绝，每年春天，有许多人从外地纷至沓来，进香许愿。虽然他们如此虔诚，但他们未必知道碧霞元君的来历。

传说姜子牙辅佐周武王建立了周氏王朝后，天下归于统一，武王认为大臣们开国有功，于是想赏赐他们一些东西。可绞尽脑汁却找不出合适的赏赐物，经过反复思量，武王决定把全国的领地都分封给大臣们。这样一来，既能显示武王的慷概大方，又能证明他对大臣们的信任，再者，武王这样也就轻松愉快，不用为那些领土的安全担心了，主意已定，武王便把分封大权交给了军师姜子牙，让他来分封诸侯。结果姜子牙封来封去把全国的名山大川、风水宝地都封尽了，唯独只剩下一座东岳泰山。原来姜子牙早就知道泰山气势雄伟、风景秀丽，是个供人游玩的好地方，所以想把泰山留给自己。可谁知事与愿违，周武王的护驾大将黄飞虎找上门来，非要姜子牙把泰山封给他不可。两人正在商量，可偏偏就在这时，黄飞虎的妹妹黄妃也来找姜子牙要求他将泰山封给自己，说是武王早已答应过她，让她来找姜子牙的。这下事情更难办了，三个人都看上了泰山这块风水宝地，而姜子牙又谁也不想得罪，更重要的是他自己还想要，这可真愁坏了姜子牙，到底该如何是好呢？思来想去，姜子牙只好将泰山让给了黄氏兄妹，但到底是封给哥哥还是封给妹妹，姜子牙也下不了决定，只好对他们说："你们各自凭自己的本事，谁先登上泰山，这泰山就是谁的。"这话一出口，黄飞虎一听，不禁拍手叫绝，他想：凭我一身力气，登上山顶还不是手到擒来，泰山哪还有黄妃的份？但是让他想不到的是，身为弱女子的妹妹黄妃，也没有一点惧色，一口就答应了下来。见两人都答应了，姜子牙就让他俩开始比赛，黄飞虎马上骑上他的宝骑麒麟，日夜兼程，从京都直奔泰山，想借坐骑的脚力赢得妹妹。但妹妹黄妃又岂是一般的人，她为比赛绞尽了脑汁，后来终于想出了一条妙计。比赛一开始，她先将自己的鞋子脱下一只，使了个法术，将脱下的鞋子扔到玉皇顶上，然后才不慌不忙地向泰山赶去。所以等到黄妃爬上泰山，兄长在南天门已等得不耐烦了。他见黄妃姗姗来迟，便对她说："是我先登上泰山的，以后泰山就是我的了。"可妹妹黄妃却不甘示弱："真是岂有此理！是我先已到此，我以为你在路上出了什么事，所以赶着去接你，谁知道你已绕道赶来。"黄飞虎满脸疑问，问道："你说你先到的，有何凭证？"黄妃不慌不忙地说："当然有，你来看我的鞋还在这里呢。"于是，黄飞虎跟着妹妹来到玉皇顶，只见黄妃的一只绣花鞋端端正正地放在石坪上。尽管有证据，黄飞虎还是不服气，他了解妹妹的个性，知道妹妹使用了计策，不禁斥责妹妹道："你耍滑头。"尽管这样，黄飞虎也很无奈，因为毕竟是自己的亲妹妹，拿她也没有办法。而这时黄妃心里也是很紧张，因为心里有愧，于是与兄长达成协议：她住山上，兄长住山下，二人共同掌管泰山。最后，姜子牙就把黄飞虎封为泰山神，把黄妃封为碧霞元君，一个在山下天贶殿，一个在山顶碧霞祠。这就是民间所传诵的泰山神和碧霞元君的故事。

以上所讲仅仅是一个传说。关于碧霞元君的真实来历，根据当地人介绍，她是一位声名显赫的泰山女神，也是泰山人民的庇护神。同其他信仰一样，碧霞元君的声名也经历了漫长的演变过程。泰山女神初始

于原始社会中对女性的崇拜，自此一直延续。在唐代，道教首先提出女神崇拜，因此泰山碧霞元君与道教有着莫大的关系，而碧霞元君的碧霞祠也是全国道教的重点宫观之一。“元君”是道教神仙谱系中对女神的称谓，“碧霞”也与道教神仙的称谓习惯有关，道教中有很多冠以“紫”“碧”之类名号的神仙。明朝正德、成化年间，泰山碧霞元君逐渐声名远播、名满天下。有趣的是，对于不同的社会阶层，碧霞元君信仰有着不同的具体内容。正统道教中的碧霞元君专司惩罚恶人，泰山民间的碧霞元君则是祈祷子嗣、保护妇女儿童等等，帝王士大夫阶层的碧霞元君信仰除和平民一样求祷子嗣健康多福外，更重要的是祈祷碧霞元君护国庇民，其中又特别注重其教化功能。

如同碧霞元君一样，“泰山石敢当”起源于自然崇拜中的灵石崇拜，后通过人格化而备受百姓喜爱，也就是人们赋予了它一定的精神意义。“泰山石敢当”是指泰山石有灵性，可镇邪压妖魔鬼怪，抵挡一切灾难。当然，泰山是不能随便走动的，但人们赋予“泰山石敢当”可以走遍神州大地乃至海外的功效。从字面上看，泰山石敢当是由“泰山”和“石敢”当两个词组成。泰山指的就是泰山这座山脉，而关于“石敢当”的文字记载，最早见于西汉史游的《急就章》：“师猛虎，石敢当，所不侵，龙未央。”唐大历五年(770年)，福建莆田县令在县衙附近修建石敢当，在石块上刻下这样的文字：“石敢当，镇百鬼，压灾殃，官吏福，百姓康，风教盛，礼乐张。”由此可见，石敢当用于镇门的习俗，是从唐代流传下来的。后来，人们又把“石敢当”加上“泰山”字样，意在借泰山之威，如此更是非同凡响。直至今天，把小石碑立于桥道要冲或砌于房屋墙壁，并在上面刻上“泰山石敢当”字样，用来禁压不祥之物，这种习俗在民间仍然很流行。

千百年来，“泰山石敢当”已成为全世界华人乃至日韩及东南亚一带民众敬仰的“保护神”。“泰山石敢当”以其深邃的文化内涵，赢得了世人的喜爱，同时，“泰山石敢当”也是一笔巨大的精神财富，是独具特色的非物质文化遗产。

（四）“五岳真形图”与泰山文化

泰山文化的另一个吸引人之处便是“五岳真形图”。在中国古代家具中，经常可以见到一些神话故事的饰纹，其中就有“五岳真形图”。五岳真形图，即用五个符号分别代表五岳，这原本是道教之物，后来在民间被广泛使用。道教认为每岳均有岳神，东岳泰山的岳神是“齐天王”。而据《道藏经》记载：“五岳之神，分掌世间人物，各有所属。如：泰山乃天地之孙，群灵之府，为五岳祖，主掌人间生死贵贱修短”，可见泰山的神通之大。那么“五岳真形图”的作用是什么呢？前碑“跋”中曾引《抱扑子》中的话说，“凡修道之士栖隐山谷，须得五岳真形图佩之。其山中鬼魅精灵、虫虎妖怪，一切毒物，莫能近矣。”可见，“五岳真形图”具有避邪降魔之功效。

（五）泰山文化是瑰宝

泰山文化丰富多彩、博大精深，但同时也繁冗复杂、体系庞大，不便于人们理解。如果从文化结构上来看，泰山文化可分为物质文化和精神文化。在泰山文化结构层次中，属于物质文化的是主要以山水、植物及古建筑、摩崖、碑刻、道路、桥梁等为依托的山岳文化、建筑文化、石刻文化、交通文化等，它们均以客观的物质形态表现出来，且与人类的生产、生活密切相关。人工物品与自然景致的完美结合，使泰山的物质文化处处体现出和谐之美。帝王封禅、宗教活动、民间信仰等，随着历史的推进逐渐演化为一种政治制度或者约定俗成的民间规则，其作为泰山文化中的制度文化，制约、影响着人们的行为，造就了泰山上丰富的物质文化，同时反映出人类的精神状态。帝王封禅所带来的意义和影响，也成就了泰山文化的精神文化部分，这集中反映在人类在泰山所从事的祭祀、封禅、朝拜、审美、游览等活动中的追求上，所有这些活动无一例外是在追求平安、祥和、统一，以致形成“泰山安则四海皆安”的共识。

在这两种不同的泰山文化中，不难看出，居于核心位置的是精神文化，而且泰山文化的核心是和谐。

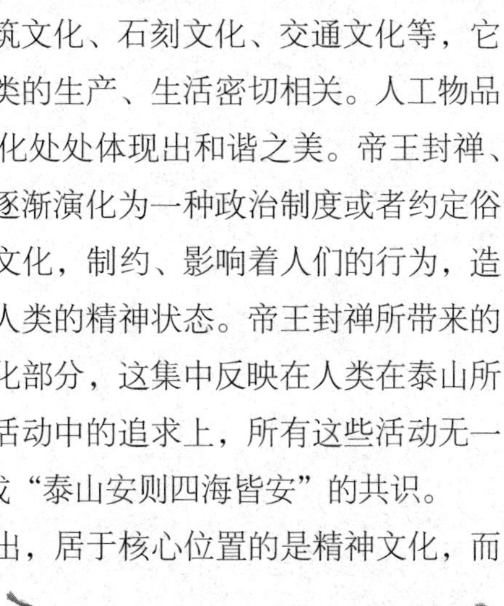

目前，多数学者都认为泰山文化至少具有思想研究、文学艺术、宗教民俗等几方面的价值。在思想研究价值方面，泰山是中华民族伟大精神的象征，人们常用泰山来象征高尚伟大的精神。“重

于泰山”是最为流行的比喻。泰山精神文化的内涵已成为中华民族共同的思想参照物，构成了中华文化价值取向的重要内容。在文学艺术价值方面，由于历代文人志士对泰山都有热情的歌颂和直抒情怀的赞叹，因此留下的诗赋曲艺与小说杂谈不计其数，这些都是我国文化库藏中的瑰宝。同时，泰山的历代摩崖刻石还是研究我国古代书法艺术史的宝贵资料。在民俗宗教价值方面，唐宋以后，泰山民间广泛流行香社、系红绳消灾、压石求嗣的习俗及和“石敢当”崇拜等等，这些都是研究我国民俗发展变异的宝贵资料。这些所谓的“平安文化”，反映了当时人们普遍渴求平安祥和的心理，体现了中华民族的人文精神。而且泰山文化在不同时代有着不同的内容，作为与中华民族生存、发展共源流的泰山，其文化承载着我们民族思想文化的精华，积淀着历代先贤们的智慧。

五、泰山的地位和意义

泰山是联合国教科文组织批准公布的文化与自然遗产和世界地质公园，文化积淀深厚，民族精神崇高，人文杰作与自然景观完美和谐地融合在一起，一直是中国乃至世界人文与自然景观的瑰宝。

1982 年，我国政府将泰山列入全国第一批重点风景名胜区名单，1987 年 12 月，联合国教科文组织将泰山列入世界自然与文化遗产清单，这说明泰山具有深刻的历史文化内涵。这是因为五千年来中国的政治、文化、哲学、宗教种种人文因素不断地在泰山积淀、发展、变化，使泰山在不同的历史阶段，都承载着丰厚的文化内涵，在社会历史生活中起着异乎寻常的作用。

（一）泰山是世界文明的组成部分

通过以上对泰山的介绍，我们得知庄严神圣的泰山，两千年以来一直是帝王朝拜的对象，其尊崇程度可想而知，又因其人文杰作与自然景观完美和谐地融合在一起，所以泰山也一直是中国艺术家和学者的精神源泉，是古代中国文明和信仰的象征。同时也为现代世界文明增添了重要的一笔。泰山自然景观与人文景观融为一体，文化内涵丰富。泰山被认为是发育万物的神山和圣山，象征着万物更新、生机勃勃，代表着天地厚德，自古以来不仅是封建帝王顶礼膜拜的圣地，也是名人雅士抒情赞颂的场所。泰山积淀了中华民族五千年的历史文明，是华夏历史文化的缩影，是中华民族精神的象征，是自然与文化遗产融为一体的典范。目前，泰山已赢得世界自然遗产，同时也获得了世界文化遗产的桂冠。可谓风光尽得。

（二）炎黄子孙心中的泰山

泰山在炎黄子孙心目中始终占据着神圣的位置，

在五千年的华夏文明中，泰山积淀了丰厚的历史文化，成为古老中华文明不可或缺的组成部分。自然学家说，泰山是生命多样性的宝库；美学家说，泰山是天然造就的人间天堂；历史学家说，泰山是中华民族历史的局部缩影；哲学家说，泰山文化是中国传统文化中“天人合一”思想最形象的代表；考古学家称，泰山是个大文物；文学家说，泰山是中华民族的精神家园；而老百姓则说，泰山是座神山。这些都能够让泰山有资格成为世界文化和自然遗产。

泰山作为中华民族朝拜的神圣大山，从黄帝开始，就贯穿于整个民族的生存与发展的过程中，这是世界上其他任何一座大山所无法比拟的。泰山自古以来是历代帝王封禅告祭之所，人民大众顶礼膜拜之地，文人墨客歌咏抒怀处，是古代中国文明的信仰和象征，曾被誉为“中央之山”“五岳之尊”。并有“泰山安，四海皆安”的说法。这些都说明泰山是中华民族的精神家园。

（三）国际上威名显赫的泰山

泰山不仅是国人敬仰的对象，在国际上也有一定的影响。现在，每年到泰山游览的国内外游人数不胜数，尤其是越来越多的国外友人开始慕名前来观赏。其实远在古代，泰山之名就远播海外，在世界上有着一定的影响。据史书记载，早在唐高宗封禅泰山时，日本就有首领率部属随从前来参加，而且日本僧人也曾游驻泰山寺院。他们回国后对泰山进行了宣传，也建造了一些寺庙，供奉泰山神。即使到现在日本本土也建庙供泰山神，同时还对具有避邪厌殃功能的“泰山石敢当”也奉祀如仪，充满敬畏之心。泰山信仰在日本的流传，足以说明泰山在国际上的地位。

由此可见，泰山的地位和其在文化上的意义是其他山脉无法比拟和跨越的，泰山所起到的作用也是无法衡量的。在人类文明的进化过程中，泰山始终起着凝聚、联合、统一的政治作用，也始终给人们以慰藉、希望和追求的精神力量，这也许就是泰山的真正生命力所在。

黄　山

这是一座被称为“天下第一”的奇山，这是一座有着古老身世的仙山。两亿年的漫漫时光雕琢了这云涛诡谲的人间仙境，如梦似幻的仙山奇景赋予了她惊世骇俗的清奇风骨。奇松、怪石、云海、温泉，她灵动高雅的气质与瞬息万变的姿态，让观者无不有远离凡尘、如入仙境之感。她，就是黄山。今天，作为世界文化与自然双重遗产的黄山，依然以她卓越的风姿静立于中华大地，铺陈着中国人心中最美丽的梦想画卷。

一、天下第一奇山

黄山，雄踞风景秀美的皖南，素有“天下第一奇山”之美誉。两亿年的漫漫岁月，凝炼成她如梦似幻的仙山奇景。从古扬子海底的一片混沌，到云涛诡谲的人间仙境，黄山几亿年的身世究竟暗藏着怎样的秘密？谜一般的前世今生，深藏在黄山那滔滔云海之中。那奇特的地貌是如何演变至今，那峰林之中的生灵又是怎样依附于这神秘的山岳之中？关于黄帝的遥远传说又与黄山的命名有着怎样千丝万缕的联系？带着这些疑问，我们走进了黄山的世界。从两亿年前黄山地带陆地的出现，到一亿年前“地下黄山”的初步形成，又经过千百年的风化与侵蚀，黄山才逐渐演变为我们今天所见到的这片峰林。特殊的地质地貌特征，独特的气候与生态环境，还有黄山名称由来之谜，都能在寻访黄山古老身世的过程中，一一找到答案。

（一）黄山名称的由来

黄山，位于中国安徽省南部，是中国著名的山岳风景区之一，是以风景秀丽为特色的旅游胜地。

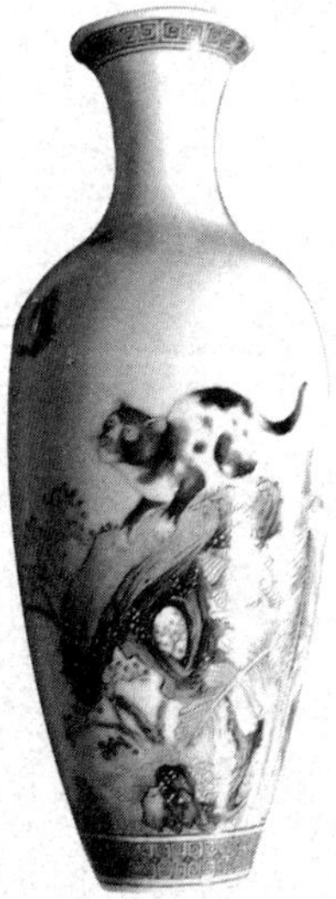

黄山山脉东起绩溪县的大嶂山，西接黟县的羊栈岭，北起太平湖，南临徽州山区，属于南岭山脉的一部分。全山面积 1200 平方公里，其中的精华部分，也就是通常人们所游览、观赏的黄山风景区，面积约 154 平方公里。黄山横亘于歙县、黟县、太平、休宁四县之间，山境南北长约 40 公里，东西宽约 30 公里，号称五百里黄山。

黄山古时称黟山，黟，就是黑的样子，因其山体岩石呈青黑色而得名。据史料记载，唐天宝六年（公元 747 年）6 月 16 日，唐玄宗下旨改称其为黄山，并一直沿用至今，而这一天更被唐玄宗钦定为黄山的生日。可以说黄山的名字里蕴藏着关于中国历史与文化的许多秘密。那么，黄山之名究竟是如何得来的呢？

原来，早在遥远的古代，人们就发现，这座名叫黟山的大山，是一处充满着仙灵之气与神秘色彩的地方。远远望去，大片的松林与古怪的姿态，以及山谷中溢出的阵阵云雾，让人们对这座可望而不可即的大山产生了种种的幻想。各种关于神仙的传说开始在民间流传，于是，人们对这座奇山也有了越来越多的崇敬与仰望。

在这众多的神仙传说中，最著名的恐怕就是关于黄帝在此炼丹升天的传说了。

传说中，轩辕黄帝是华夏部落联盟的首领，也被认为是中华民族的祖先。传说大约在五千年前，黄帝联合炎帝，打败了来自东夷族的首领蚩尤，统一了黄河流域的各个部落。传说中，黄帝和他的妻子以及群臣发明了养蚕、衣裳、舟车、文字、算术、音乐、医学等，直到黄帝100多岁的时候，仍旧风尘仆仆，四处寻访。

据说有一天，黄帝来到当时的黟山。他见这里山高林茂，灵泉甘美，景色怡人，宛若仙境，便再也不愿离开了。从此，黄帝在此修身养性，采药炼丹，最终得道而登仙，飞升而去。这个传说也被人们记录在了一些史书里。

又过了3000多年，正值唐玄宗李隆基在位的开元盛世。当时的社会道教盛行，而李隆基本人也是虔诚的道教信徒，于是，在听说了黄帝在黟山修炼成仙的故事之后，李隆基龙颜大悦，下令改称这座山为黄山，意思就是黄帝修炼成仙的山。至此，黄帝炼丹飞天的传说与神奇秀丽的黄山紧紧地联系在一起，更引来后世文人墨客对黄山的无限神往。

但是，关于黄山名称的由来，历来都是众说纷纭。有人说，唐玄宗为黄山改名一事，在正史中并无记载，只在一些道教的旧籍中出现过，因此不足为信。还有人提出，黄山得名与“五行”有关。因为古人用金木水火土“五行”，配以“五方”与“五色”，认为土居于正中，中央正色是黄色，而黄山盘踞于崇山之中，位置居中，因此以“黄”为此山命名。还有人专门考证说，黄山这个名字早在汉代就已出现，并非唐玄宗所改。

黄山名称的由来，虽历代有不同说法，但近千年以来，因黄帝炼丹而得名“黄山”的说法，流传得最为广泛，影响也最为广泛，更为多数人所接受。黄山上许多山峰的命名也都与这个传说有关，如轩辕峰、黄帝坑、炼丹台等等，都一直沿用至今。

（二）黄山的形成、演变与地貌特征

1. 黄山的形成与演变

黄山景色如此奇美，究竟是如何形成的呢？过去有这样一个神话传说：女娲炼石补天，剩下一块紫石，后来化作了黄山。因此，黄山之景才能如此气象万千，神奇秀美。

然而这毕竟只是一个传说。据现代地质考察表明，黄山胜景，是几次造山运动和第四纪冰川的杰作。而整个黄山的形成过程，更长达上亿年。

今天的黄山所在的地区，曾经是一片汪洋大海。在距今大约 4 亿年前，这里完全被古扬子海所淹没，而黄山，还沉睡在海底。时序更新，沧桑巨变。随着古扬子海的不断缩小，陆地渐渐扩大，而黄山地带有时出现，有时又被淹没，时而为海，时而为陆。两亿年前，在一次叫做印支运动的地壳运动中，古扬子海干涸了，黄山地带永久性地成为了陆地。

距今大约 1 亿年前，黄山地带一些地壳薄弱的地段涌出了炽热的花岗岩浆，岩浆流过地面，冷却而凝结成为花岗岩，这就是最早的“地下黄山”。在一次强烈的地壳运动中，黄山花岗岩体被塑造得千姿百态，奠定了今天黄山的神奇地貌。日复一日，年复一年，“地下黄山”不断地抬升，经过千百年的风化，岩层一一剥落殆尽，形成了年轻的黄山。而在不断抬升的过程中，黄山的地貌也不断发生着神奇的变化，形成了众多的高峰深谷。在距今约 300 万年前，黄山经历了第四纪冰川的洗礼。在流水的深度切割下，黄山变成了现在这样一座高度在 1000 米左右的悬崖峭壁。长期的风化剥蚀与地壳运动等大自然内外力的作用，造就了黄山气势磅礴、奇峰穿云的峰林地貌。今天的黄山就这样形成了。

2. 黄山的地质地貌特征

经历了漫长的造山运动和地壳抬升，以及冰川的洗礼和自然风化作用，黄山形成了其特有的峰林结构。黄山群峰林立，山体峰顶尖陡，峰脚直落谷底，峰高峭拔，怪石遍布，号称“三十六大峰，三十六小峰”。

由于地壳的间歇抬升、风化剥蚀、冰川作用等各种自然力的作用，黄山岩体中的矿物组分、结晶程度、矿物颗粒大小、抗风化能力和节理的性质、疏密程度等均有不同程度的差异，也造就了鬼斧神工般的黄山美景。

黄山山体主要由燕山期花岗岩构成，侵蚀切割强烈，断裂和裂隙纵横交错，长期受水溶蚀，形成了瑰丽多姿的花岗岩洞穴与孔道。黄山以天海为中心，划分为前山和后山。前山指的是天都、玉屏、莲花诸峰和光明顶一带。这里地势开阔，主峰鼎立，群峰错列，众壑纵横，被徐霞客誉为“黄山绝胜处”。后山则指松谷庵、芙蓉居一带，这里满山青松翠竹，更有潺潺流水，著名的翡翠池、五龙潭等散布其间，构成与前山完全不同的清幽景色。由于前山岩体节理稀疏，岩石多球状风化，山体浑厚壮观，而后山岩体节理密集，多是垂直状风化，山体更为峻峭，这就形成了“前山雄伟，后山秀丽”的地貌特征。

黄山至今仍存有第四纪冰川的遗迹，主要分布在前山的东南部。典型的冰川地貌有：因冰川移动刨蚀而形成的“U”形谷，如苦竹溪；由冰川谷和冰川支谷相汇成的冰川悬谷，如百丈泉、人字瀑；有分布着冰川搬运堆积的冰碛石的河床；传说黄帝炼丹用的“丹井”“药臼”，也是由冰川作用形成的冰臼。这些景观除了作为独特的自然风光供人观赏之外，还有着巨大的科学研究价值。

（三）黄山的气候与生态环境

1. 黄山的气候特征

黄山大致位于东经 118 度，北纬 30 度，处于亚热带季风气候区内。由于山高谷深，气候呈垂直变化。同时由于北坡和南坡受阳光的辐射差大，局部地形对其气候起主导作用，形成云雾多、湿度大、降水多的气候特点。

黄山从山麓到山顶，气温呈直线递减。每升高 100 米，气温大约要下降 0.61℃，到山顶大约要降低 10℃。从山脚到山顶，分为三种不同类型的气候：山脚为亚热带气候，山腰为温带气候，山顶为寒带气候。

黄山阴雨天多，云雾天多，接近海洋性气候，夏无酷暑，冬少严寒，四季平均温度差仅 20℃左右。黄山夏季十分凉爽，平均气温在 16℃左右。一年中 7 月份天气最热，在海拔 650 米的温泉区，平均温度也仅为 25℃。黄山"四月始知春，一岁竟无夏"，夏凉冬温，是得天独厚的避暑胜地。

黄山也是安徽省降水量最多的地区之一，年平均降雨日数为 183 天，山上全年降水量为 2395 毫米。为什么黄山降水量比较大呢？这与黄山特有的地理条件密切相关。因为黄山群峰叠起，植被较厚，湿度较大，暖湿气流上升的过程中，水汽便会遇冷凝结，成云致雨，也就形成了黄山低云多雾和雨量丰沛的气候特征。

黄山由于相对高度大，冬季往往山下下雨，山上下雪，年平均降雪日数是 49 天。此外，黄山平均风速较大，风向变化也很大，山上山下，山北山南，均不相同。一年之中西南风最多，其次是西北风。

2. 黄山的生态环境

黄山自然环境条件复杂，生态系统稳定平衡。黄山高耸的山体和贫瘠的岩层土壤孕育出与众不同的动植物。它们有着超乎寻常的形态和独特的生长方式。由于山高峰陡，上下气候悬殊，植物垂直分带明显。山顶滋生寒带植物，如黄山杜鹃、天女花、黄山栎；山腰盛长温带植物，如小叶青冈栎、交壤木、牛鼻栓；山下则繁殖亚热带植物，如紫楠、木莲、木兰等。此外，更有第三纪冰川遗留珍贵树种银杏、第四纪冰川遗留树种鹅掌楸等。据统计，黄山的森林覆盖率是 56%，植被覆盖率达到了 83%。黄山拥有热带、亚热带、温带等野生植物 1000 多种，其中属于国家保护的有水杉、红豆杉、香果树、花楠木等，石斛等 10 个物种已经是濒临灭绝的珍稀物种。

民国《歙县志》一书中曾记载了 32 种黄山名贵花卉，如黄山杜鹃，"高干浓香，迥异凡种"；璎花，色黄碧，"幽倩淡冶，清香隽永"；仙都花，古干屈曲，三年一放，"望望

如芙蓉而特香”；天女花，则更是世上稀有的名花。

首次在黄山发现或以黄山命名的植物也不在少数。“黄山灵芝”是非常名贵的药材；“黄山毛峰”则是驰名中外的名茶。黄山古树名木众多，以古、大、珍、奇、多著称于世，其中又以黄山松最负盛名。

山高林密、气候适宜，还使黄山成为动物憩息和繁衍的理想场所。黄山地区已知的有鱼类 24 种、两栖类 20 种、爬行类 38 种、鸟类 170 种、脊椎动物 300 种，其中有许多珍禽异兽，都是在其他地方难得一见的。有一种山乐鸟，又称为音乐鸟、八音鸟，据说鸣声能转八音，十分悦耳动听。民间还流传着关于这种鸟的一个美丽传说：当年百鸟大仙的九女儿，爱上了黄山脚下一个聪明勤劳的穷小伙子。她每天飞到小伙子身边，伴他砍柴，为他歌唱解愁。百鸟大仙得知后，大为恼火，将九女儿化为凡鸟，不准她重归仙境。她的八个姐姐，偷偷飞到黄山，见她正在欢乐地歌唱，也都禁不住加入了歌唱的行列。百鸟大仙发现后，把这群姑娘统统变成了山雀。从此她们就生活在黄山，在松林泉水之间，演绎着大自然的美妙旋律。黄山还是鸟路，候鸟往来的时候，会在此栖息，其中就有一种相思鸟，红嘴翠羽，娇小玲珑，是著名的观赏鸟。黄山短尾猴，体型高大，四肢粗壮，行动敏捷，毛呈灰褐色，小的如婴儿大小，大的则貌似猩猩，体重可达到百斤。由于常年在悬崖峭壁上生存，尾巴已经退化得不过两寸，是猴子家族中最为珍贵的品种之一。其他异兽还有苏门羚、穿山甲、獐、鹿、麂和玉面狸等，都非常珍奇。据统计，黄山野生动物有 300 余种，鸟类 170 余种，品种占安徽省动物资源种类的三分之二。

此外，黄山是钱塘江和长江两大水系的分水岭，水资源十分丰富，自中心向四周呈放射状分布着众多的山涧沟谷，其中有大谷 36 条，形成 36 源，汇入 24 溪水，以桃花、云门二峰为界，分别流入新安江、钱塘江和青弋江、长江。黄山落差大，山水迸泻，形成飞瀑，溅珠喷玉，构成黄山最积极、最有生命力的景观，著名的有“人字瀑”“百丈泉”和“九龙瀑”。

特殊的地质地貌、适宜的气候与稳定平衡的生态环境，孕育了千峰万壑、峡谷溪涧、云海苍松、灵草奇花，共同成就了黄山“天下第一奇山”的美称。

二、浑然天成的自然之美

黄山作为一处自然风景胜地，有着难以言说的自然之美。以奇松、怪石、温泉、云海“四绝”著称的黄山，可谓将天下名山之美景尽收一家。著名胜景二湖、三瀑、二十四溪、七十二峰交相辉映，四季各有奇景。莲花峰、天都峰、光明顶三大主峰，海拔都在 1800 米以上。黄山奇峰穿云，无峰不石，无石不松，无松不奇。黄山松苍劲坚毅，于险峰峻岭之上傲然挺立；黄山怪石姿态万千，惟妙惟肖，令人叫绝；黄山云海瑰丽壮观，瞬息万变，于静谧的外表之下涌动着奔流不息的力量；黄山温泉号称“灵泉”，甘甜沁人，常年不息。而在此“四绝”之外，又有人将黄山冬雪奉为黄山“第五绝”。冬日黄山银装素裹、玉砌冰雕，更平添飞雪、冰挂、雾凇等奇景，将黄山装扮得如同仙境。黄山之水，除了温泉之外，飞瀑也是值得一提的美景。著名的“三大名瀑”，奔流倾泻，气势磅礴，响似奔雷，鸣如琴弦，也是黄山万千胜景中一道不可不看的风景。

（一）千峰竞秀

黄山群峰林立，千峰竞秀，其中有名可数的就有七十二峰。它们或崔嵬雄浑、或俊俏秀丽，布局错落有致、巧然天成，其中莲花峰、天都峰、光明顶都在海拔 1800 米以上，拔地极天，气势磅礴，雄姿灵秀，无论四季都大有可观。

清朝嘉庆年间的《太平县志》一书中记载说，黄山群峰不计其数，而《黄山图经》只选取其中的三十六峰，赐以名字，实在太少。许多山峰景色极佳，却不在命名的三十六峰之列，令人可惜。后人于是又命名了 36 座山峰，与之前的合计为七十二峰。这也就是后来常说的“三十六大峰，三十六小峰”。尽管如此，黄山层峦叠嶂，峰林似海，尚未命名者依然居多数，却也只能隐没在黄山恢弘的美景之中。

在黄山的辽阔峰海中，莲花峰为第一高

峰，海拔高达 1864 米，是“三十六大峰”之一。莲花峰峻峭高耸，气势雄伟。因为其主峰突兀，小峰簇拥，宛若一朵莲花仰天怒放，因此得名“莲花峰”。

天都峰，海拔 1810 米，也是黄山三大主峰之一。险峻雄奇、气势磅礴是天都峰最大的特色，在黄山群峰中，它最为雄伟壮丽。古称“群仙所都”，意思是天上都会，群仙所集的地方，“天都峰”的名字也由此而来。天都峰的高度虽然不及莲花峰，但其险峻程度却绝非莲花峰可比，百丈云梯几乎直上直下，古时候能登上天都峰的人寥寥无几。同时天都峰也是鸟瞰黄山壮丽全景的理想之处。从高处俯瞰，青松在悬崖上争奇，怪石在群峰上斗艳，烟云在峰壑间弥漫，霞光在岩壁上溢彩。自然胜景，尽收眼底。难怪民谣中说：“不到天都峰，白跑一场空。”古代更有诗句赞曰：“任他五岳归来客，一见天都也叫奇。”

光明顶与莲花峰、天都峰并称为黄山三大主峰，海拔 1860 米，仅次于莲花峰。其顶上平坦而高旷，可观东海奇景、西海群峰，身处顶上，诸峰景色尽收眼底。因为这里平坦开阔，日光照射时间长久，故名“光明顶”。光明顶上地势平坦，是看日出、观云海的绝佳地点。

世人常概括黄山三大主峰特点为：莲花峰高，光明顶平，天都峰险。可以说三者各有特色，各有奇景。而除此三大峰之外，其他著名的山峰还有炼丹峰、石门峰、鳌鱼峰、莲蕊峰、玉屏峰、狮子峰、始信峰等等，每一座山峰都有不同的名字，每一个名字都讲述着不同的故事。众多千米以上的山峰环绕在三大主峰周围，群峰叠翠，有机地组合成一幅波澜壮阔、气势磅礴的立体画卷。

（二）无松不奇

人说黄山“无峰不石，无石不松”，奇松更是黄山“四绝”之首。黄山千峰万壑，处处有青松点染，为山石增添了灵气。难怪古人说：“黄山之美始于松。”

黄山奇松，遍布峰壑，生长在海拔 800 米以上的黄山之巅，是植物学上一个独立的品种。黄山松生长十分缓慢，两米多高的黄山松往往有着几百年的树龄。与其他松不同，黄山松不是滋生于土壤中，而是盘根于危崖峭壁中。无论山顶、悬崖、石缝，还是崖壁，都能成为它们生长的地方。由于黄山松的生长环境极其艰苦，它们的生态适应性也就极强。为了能够汲取岩石中的深层养分，在贫瘠的岩缝中存活生长，黄山松的根部要比树干长几倍甚至几十倍。它们的根深深地扎入岩石的缝隙中，以欲将岩石劈开的力量与态势向下生长。

那么，黄山松究竟是如何在贫瘠的岩石中生长的呢？原来，黄山松的根能够分泌一种有机酸，可以慢慢溶解岩石，使其扎根于岩缝中，并且把岩石中的矿物质和盐类分解出来为己所用。而一些花草、树叶等植物腐烂之后，也能分解成为肥料，供黄山松吸收。此外，黄山松还能直接从空气、雨雪中吸取养分，所以在高山、悬崖峭壁上，黄山松也能颈干粗韧、傲然挺拔。

除了生长环境奇特，黄山松还有一个特点，就是树形奇特。许多黄山松都有偏向一个方向生长的特点，这一方面是由于它们倚岩石而生，由于地势崎岖不平，处在悬崖之间的黄山松无法垂直生长，只能弯曲着生长；另一方面是因为植物天生具有向阳性和求取水分的本能，黄山松的树枝就会明显地向阳光一侧倾斜。由于要抗暴风、御冰霜，黄山松的针叶短粗，冠平如削，树干和树枝也极其坚韧。正是地理环境和阳光、风霜等气候条件的共同影响，造就了黄山松千姿百态的奇状，也让黄山松在风霜雨雪中依然保持着活力。

在攀登黄山的必经之路上，有一棵形状如招手的松树参天耸立，如同一位好客的主人在问候着来往的游人，它就是著名的黄山迎客松。这棵松树历经风霜雨雪，在危崖上傲然挺立了800余年，如今已成了黄山的象征。难怪古人有诗赞曰：“奇松傲立玉屏前，阅尽沧桑色更鲜。双臂垂迎天下客，包容四海寿千年。”除迎客松外，著名的还有送客松、陪客松、盼客松、蒲团松等等。它们或耸立挺拔，或枝叶舒展，展现着黄山的性格与灵气。

按照中国古代的审美观，古木常以“曲”为美，而“直”则被认为没有韵味。黄山松独特的形态与特殊的生长环境恰好符合古人对于美的追求。黄山松不仅是顽强生命力的代表，还是中国人气节的象征，讲究气节的中国文人对松树有着非同一般的情怀。

（三）有石怪天下

“黄山有石怪天下”。黄山怪石，星罗棋布，以奇取胜，以多著称。目前已被命名的怪石有 120 多处，它们或似人物，或似鸟兽，造型各异，惟妙惟肖。怪石从不同的位置，或在不同的天气状况下观赏，形态迥异，各有情趣。黄山怪石分布广泛，既有耸立的大石，也有玲珑的小石，栩栩如生的造型，让人不禁感叹大自然的鬼斧神工。

黄山千峰万壑，而怪石如珍珠般点缀在波澜壮阔的峰海之中，增添着生趣。黄山怪石的命名都有着不同的含义，主要体现它们形似或神似的特征。有的是以动物的形态命名，如“猴子观海”“松鼠跳天都”“鳌鱼驮金龟”；有的是以人物行为命名，如“仙人下棋”“天女绣花”“夫妻谈心”；有的是以物品形态命名，如“梦笔生花”“笔架峰”“仙人晒靴”；有的则以历史故事或神话传说命名，如“苏武牧羊”“武松打虎”“太白醉酒”“达摩面壁”等等。这些妙趣横生的名字不仅是对怪石形态的巧妙阐释，更蕴含着对传统文化的生动解读。原本静默的怪石因为被赋予了独特的名字而变得灵动起来，多姿多彩的形态与韵味悠长的名字，使人在观赏怪石的同时，有了一种艺术美的享受。

关于黄山怪石，有着数不胜数的历史故事与民间传说。相传唐朝著名大诗人李白曾多次到黄山游历。有一次，李白提着美酒，路过黄山温泉，沿桃花溪岸边走过时，见此地鸟语花香，听闻泉水幽鸣，便在此地饮酒听泉，乐而忘返。后来李白醉卧在一块巨石旁边，还把剩酒洒在了石头上，连石头也同他一起大醉了一场。“醉石”的名字就由此而来。

姿态奇巧的怪石，加上富有奇趣的名字，使人们对怪石的身世有了更多的想象空间。一块块石头在人们的心中凭空有了灵性，有了生命。就这样，在辽阔的峰林云海中，黄山怪石不仅演绎着黄山的灵动气质，也彰显着大自然精湛的锤炼之功。

（四）云海天是岸

“黄山自古云成海”。每当雨后初晴，蔚为壮观的云海奇景便出现了。漫天的雾气弥漫在山谷之间，白浪滔滔，浩瀚无际，瞬息万变，气象万千，构成了一幅奇特的云海大观。

所谓云海，是指在一定的天气条件下形成的云层，并且云顶高度低于山顶高度，当人们在高山之巅俯首云层时，看到的是漫无边际的云，如临大海之滨，故称这一现象为“云海”。大凡高山，都可见到云海，但是黄山云海却最为著名。一方面，黄山平均有云海的天数是中国山岳之首。黄山位于亚热带湿润性季风气候区，东南靠东海，西北倚长江，再加上山高谷深，林木茂盛，常年湿度大，水汽多，一年中有 250 多天云海翻腾，烟雾弥漫，号称“云雾之乡”。每当雨后天晴，低温高压，谷底水汽就会凝成云雾，形成云海。另一方面，黄山云海还有其独特之处。奇峰怪石与黄山古松在云海中若隐若现，增加了黄山云海的美感，这是其他山岳所不能与之媲美的。风平浪静之时，白云茫茫，一望无际，千峰万壑都淹没在云涛之中，只露出星星点点的峰顶，高耸的峰林此时也成了浩瀚云海中的一座座孤岛。转瞬之间，风起云涌，惊涛拍岸，云海中的岛屿在云雾翻腾中若隐若现，真是气势磅礴，波澜壮阔。流云散落在诸峰之间，时而波涛滚滚，浩浩荡荡，时而白浪排空，飞流直泻，时而涓涓细流，波平如镜。云海之美，不像人间，更似仙境。

黄山云海以美、胜、奇、幻而著称，一年四季皆可观赏。明清两代干脆称黄山为黄海，并按东南西北中五个方位，将黄山分为东海、南海、西海、北海和天海。五海各具特色，不一而足。据说观五海的位置也是有讲究的。玉屏楼观南海，清凉台观北海，排云亭观西海，白鹅岭观东海，光明顶观天海。光明顶由于顶部高旷平坦，不仅是观天海的最好去处，也可统观东海、南海、西海、北海，将五海烟云尽收眼底。追逐云海美景的人多了，便有了一种说法，将为了观云海而奔波的行为称为“赶海”。

除了观海地点有讲究，在一些特殊的时节与条件下观云海，也能得到意想不到的视觉震撼。深秋时节，成片的红叶浮在云海之上，会出现红树铺云的奇观。而当云海经过北海双剪峰时，受两侧山峰约束，云雾从两峰间流出，向下倾泻，如大河奔腾，奔流不息，是黄山的又一奇景。在日出和日落时分，会出现所谓“霞海”，光华绚烂，涌金流银，使黄山更充满神圣色彩，辉煌灿烂。

云海表现出来的种种动态美，大大丰富了山水风景的表情和神采。黄山的奇峰、怪石只有依赖飘忽不定的云雾的烘托，才显得愈加扑朔迷离，更使它们增添了诱人的艺术魅力。

（五）温泉天下绝

黄山温泉，又称汤泉、朱砂泉，自古以来就被人们看作是一股神秘之水，是非同凡响的一处名泉，与奇松、怪石、云海并称“黄山四绝”。黄山温泉的水质透明，洁净澄碧，其味甘甜，可饮可浴。传说轩辕皇帝就是在此沐浴 49 日，得以返老还童，羽化飞升的，故又被誉为“灵泉”。

经现代技术化验分析，温泉水质以含重碳酸为主，无硫，且含有硅、钙、镁、钾、钠等对人体有益的氧化物，具有一定的医疗价值，对消化、神经、心血管等系统的某些疾病，有一定的治疗和保健功效。

黄山温泉的源头，相传来自朱砂峰。峰下有洞，洞中产朱砂。因此，人们也就把黄山温泉称为“朱砂泉”。又传说黄山温泉每隔 300 年左右就会流一次朱砂红水。据一些古籍中记载，宋朝时曾有三个人来到黄山温泉，恰好赶上泉水变红，“洋洋若流血”，大地也随之震动，犹如雷声。三人感到非常震惊，就赶忙跑到附近寺庙，向庙中的和尚们说明情况。众僧一听，便说，这是朱砂水出现了。消息传开，山下的人纷纷赶来，或饮用或贮藏，又或在其中沐浴，以求健康长寿。到了明朝成化年间，又有相关记载说，有一次泉水忽然变红，整整三日，都没有人发现，只有一名和尚在其中沐浴，后来得以益寿延年，年过百岁。虽然这些都只是传说，但在 1948 年，黄山温泉确实发过一次朱砂水。红水经过化验，证实确实含有朱砂成分。而黄山温泉神秘的养生功效，更是世代相传。

黄山温泉也是一处美景。据说李白、贾岛、徐霞客等人都曾沐浴其间，并留下许多赞美的诗词。李白在他《送温处士归黄山白鹅峰旧居》诗中写道："归休白鹅岭，渴饮丹砂井。"唐代诗人贾岛在《纪温泉》长诗中也有"一濯三沐发，六凿还希夷。伐马返骨髓，发白令人黟"的名句。

邓小平 1979 年 7 月游览黄山时，曾亲笔题写"天下名泉"四字，更令温泉格外生辉。

（六）黄山"第五绝"

黄山"四绝"天下闻名，但如今有一处黄山美景，常被世人赞为黄山"第五绝"，这就是黄山冬雪。黄山四季都有美景，而冬景尤为奇特。由于气候条件的不同，黄山冬雪不同于北方的雪，且又妙在与奇松、怪石、云海的完美结合，是当之无愧的自然极品。

冬日黄山，别有韵味，劈地摩天的天都峰，宛如银装素裹的神女；隔壑相望的莲花峰，如同一朵盛开的雪莲。洁白的冰雪将黄山装点成一个玉砌冰雕的晶莹世界，冰雪覆盖的狮子林，银峦相拥的玉屏峰，构成了一幅静中有动、动中有静的绝妙图景。据资料记载，冬季是黄山云海出现得最多的时节。云海茫茫，有时竟一连数日都不消散，云雾翻腾，再加上冰雪点缀，真是别有一番韵味。

雾凇、冰挂、飞雪，更是冬日黄山特有的景致。当气温下降到零下，有雾或毛毛雨时，树木、石块等物体表面会形成透明的冻结物，这就是雾凇现象。

雾凇是黄山冬季的著名景色。每逢严寒隆冬，满山玉树银花，在灿烂的阳光中，晶莹闪烁，蔚为奇观。飞瀑也一改往日的奔涌气势，将汉白玉似的半透明冰瀑挂在悬崖之上，银光闪烁，洁白无瑕，形成了神奇的"冰挂"奇观。而冰挂悬挂处又在雪的层层覆盖下，形成了"雪帘"，与冰挂并称“双绝”。

黄山冬景奇秀俊美，让人如临仙境。难怪说“黄山四季皆胜景，唯有腊冬景更佳”，黄山冬雪真是当之无愧的“第五绝”。

（七）黄山瀑泉

黄山不仅山明，而且水秀。清泉飞瀑，鲜活灵动，为胜景增色不少。黄山水景，数量众多，分布广泛，既有幽深的潭水，又不乏清澈的小溪，除了受人称道的温泉，更有恢弘壮观的飞瀑。

由于群峰高耸，在黄山上空，冷暖空气形成对峙的局面，容易成云致雨。雨水落入山涧，溪流汇聚，瀑布飞虹，冲积为潭，潭水满溢而成溪泉。黄山中有名可数的就有三十六源、二十四溪、三瀑、十五潭、十五泉、七池和二湖。如逢大雨，则山中的水体胜景更是随处可见。诸溪纵横交错，深潭清澈见底。流水潺潺，如同琴音，急流奔腾，声震山谷。黄山是长江、钱塘江两大水系的分水岭，桃花峰、云门峰西南诸溪，流经丰乐河，汇入新安江，从钱塘江入海，北坡二十四溪，合流青弋江而汇入长江。山水迸泻，形成飞瀑，悬垂如练，溅珠喷玉。黄山水景中，以飞泉、瀑布为最。瀑布响似奔雷，泉水鸣如琴弦，一派鼓乐之声，别有风味。

著名的“人字瀑”“百丈泉”和“九龙瀑”，并称为黄山三大名瀑。人字瀑古名飞雨泉，在紫石、朱砂两峰之间流出，分左右走壁下泻，宛如两条白龙飞奔岩上。从观瀑楼看人字瀑，但见瀑水喷涌，一分为二，斜飞而下，恰似书法家笔下刚劲有力的“人”字。百丈泉位于黄山青潭与紫云峰之间，高近百米。瀑水顺千尺危岩而下，形成百丈瀑布，从观瀑亭看去，恰似巨幅白绢从悬崖披挂而下，飘忽潇洒，饶有情趣。九龙瀑在三大瀑中最为壮观，它源于天都、玉屏、炼丹、仙掌诸峰，位于丞相源下、苦竹溪上，因其一折一瀑，一瀑一潭，转折了九次，故称九龙瀑。“飞泉不让匡庐瀑，峭壁撑天挂九龙”，就是古人称赞九龙瀑的。

奇山必备丽水。黄山美景正是因为有了这些潺潺的流水、粼粼的波光以及或飘逸或奔涌的飞瀑山泉，才能如此灵动壮观。

三、回响千年的人文之韵

黄山之美，不仅源自她浑然天成的自然造化，更来自她积淀了千百年的人文韵味。天地间的美景荟萃成了这一片神秘的所在，而世世代代的华夏子孙，用他们的智慧和情怀铸就了黄山特有的风骨。传统的承继、文化的浸染，让黄山不再仅仅是一处自然美景。有着两千多年历史的黟县，是位于黄山周边的一个古县，这里保留下来的古民居，建筑精巧，风格明朗，是东方古建筑的艺术宝库，西递、宏村两个古镇就是其中的典型代表。作为茶叶之乡，黄山出品的黄山毛峰、祁门红茶等都是享誉海内外的珍品。黄山茶道讲求以茶立德，以茶陶情，而黄山的茶文化就在这怡情山水间世代相传。黄山与宗教有着密切的关系，黄山的山名就与黄帝炼丹的传说有关。得道成仙的故事也成了轩辕峰、浮丘峰等众多山峰名字的来源。黄山之中，各种道观庙宇交错林立，成为黄山不可缺少的人文景致。位于黄山之南的徽州地区，曾成就了历史上奇特的徽商现象，也曾聚集了无数的财富与繁华，在这样的背景之下，徽州形成了属于自己的独特文化。繁华落尽，今天的徽州不再有往日的极盛，但徽州文化却成为了经久不衰的典藏。可以说，徽州的历史与文化，乃至徽州的一切，都是这片绮丽的山水所赋予的。徽州文化与黄山，始终血脉相连。

（一）黄山周边的古镇

看罢黄山美景，又寻人间烟火。黄山周边的古镇，在悠久的岁月里积淀着自己厚重的历史，也承载着古老的文化传统。黄山的山水灵气，造就了这些千年古镇世外桃源般的气质。

黟县始建于秦始皇二十六年(公元前 221 年)，迄今已有 2200 多年的历史，故有“古黟”之称。黟县因黟山而得名，总面积 857 平方公里，是全国历史最为悠久的文明古县之一。也是“徽商”

和“徽文化”的发祥地之一。唐代诗人李白曾写下“黟县小桃源，烟霞百里间，地多灵草木，人尚古衣冠”的名句来赞美黟县。陶渊明游历于此，更是写下了千古不朽的名篇《桃花源记》。

黟县北枕黄山，南望白岳，四面群山环抱，山川秀丽，习俗淳美，自古便享有“小桃源”之美誉。黟县境内连绵的群峰与黄山联为一体，在历史上曾阻碍了古黟与外部世界的交往，但也造就了黟县“世外桃源”般的生态环境。由于历史上交通闭塞，极少经历战争劫难，16世纪徽商鼎盛时期留下的几千幢古民居得以保留至今，而且黟县境内还存有大量的明清民居、祠堂、牌坊、园林，因此被国内外众多的专家、学者誉为“东方古代建筑艺术宝库”，更有“中国传统文化缩影”之美誉。

黟县境内有许多古民居建筑村落，其中西递、宏村已被联合国科教文组织列为世界文化遗产，成为中外游人向往的游览胜地。

1. 西递

西递位于黟县东南部、黄山南麓，距黄山风景区仅40公里。西递之名是取村中三条溪水向西流之意，又因位于徽州府之西，曾设“铺递所”，是古代递送邮件的驿站，故而得名西递。它始建于北宋年间，发展于明朝景泰中叶，鼎盛于清朝初期，至今已有960余年的历史。据史料记载，西递始祖为唐昭宗李晔之子，因遭变乱，逃匿民间，改为胡姓，繁衍生息，形成聚居村落。西递自古文风昌盛，直到明清年间，一部分读书人弃儒从商，造就了繁盛一时的“徽商”。之后他们大兴土木，建房、修祠、铺路、架桥，将故里建设得气派辉煌。几百年过去了，经历了历史风雨侵袭的西递，仍然保留下来几百幢古民居，也保留了明清村落的基本面貌。因此，西递村被世人称为“明清古建筑博物馆”。

西递所有街巷都以黟县青石铺地，古建筑为木结构，木雕、石雕、砖雕等丰富多彩，巷道、溪流布局相宜。村落中的古建筑色调朴素淡雅，建房多用黑色大理石，两条清泉穿村而过，99条高墙深巷，空间设置错落有致，体现了皖南古村落人居环境营造方面的杰出才能和成就，具有很高的历史、艺术与科学价值。

行走在西递的百年民居之间，体会到的不仅是古老的历史韵味，还有西递传承不息的人文气息。在西递，几乎家家都会悬挂楹联与题额，其中既透露着徽商经商的经验之谈，也蕴含着留给后代的做人道理，让一代代的后人谨记祖先教给他们的人生哲学。

西递就像是一个被现代社会遗忘的旧梦，在都市的喧嚣之外，在皖南的幽静之中，向人们呈现着最为朴素的民间生活，在缓慢的节奏中铺展着它千百年的波澜不惊。

2. 宏村

宏村，古称弘村，取宏广发达之意。它位于黟县东北部、黄山的西南麓，是一座奇特的牛“型”古村落。宏村始建于南宋绍熙年间（1131 年），清乾隆年间改为宏村，至今已有 870 多年的历史。宏村是汪姓聚居之地，相传他们都是唐初越国公汪华的后裔。

宏村最为奇特之处是整个村子呈“牛”型结构布局。巍峨苍翠的雷岗就像是牛首，参天古木是牛角，九曲十弯的水渠形如牛肠，月形的池塘“月沼”就是牛胃，村南的湖泊“南湖”被看做牛肚，绕村的溪河上架起的四座桥梁作为牛腿，由东而西错落有致的民居群则宛如庞大的牛的身躯。村中各户皆有水道相连，汩汩清泉从各户潺潺流过，真是“浣汲未防溪路远，家家门前有清泉”。这种别出心裁的科学的村落水系设计，为宏村的村民们解决了生活、防火及灌溉等种种方面的用水问题，体现了古代人民的高超智慧，在今天看来仍然是一大奇举。

同西递一样，宏村也是皖南徽派民居村落的独特代表。宏村的建筑主要是住宅和私家园林，也有书院和祠堂等公共设施。各类建筑都注重雕饰，木雕、

砖雕和石雕细腻精美，具有极高的艺术价值。全村现完好保存明清民居 140 余幢，其中最大的建筑群承志堂，堪称建筑中的佳作，以其雕饰精美、富丽堂皇，被今天的专家们誉为“民间故宫”。承志堂建于清咸丰五年（1855 年），是清末大盐商汪定贵的住宅。整栋建筑为木结构，内部以大量的砖、石、木雕装饰，建筑面积 3000 余平方米，是一幢保存完整的大型民居建筑。虽然历经几百年的沧桑变化，但那些巧

妙的布局、精美的装饰，以及不同凡响的恢弘气势，依然显示着它的主人当年的富贵奢华与无限风光，而且也为今人展现着一个逝去时代的繁华与落寞。

（二）黄山与茶文化

中国的茶文化可谓源远流长。茶，不仅仅是一种饮品，更代表着一种情趣、一种意境、一种传世的文化。

名山出名茶。明代许次纾的《茶疏》中写道："天下名山，必产灵草，江南地暖，故独宜茶。"黄山在历史上就是茶叶之乡。享有盛誉的黄山毛峰、祁门红茶、太平猴魁等等，都是茶中精品。黄山风景绝美，黄山人世代生活在这好山好水之中，自然怡情山水，不仅品茶爱茶，也创造着自己传世的茶道与茶文化。

徽州地处皖南山区，倚靠黄山，山灵水秀，土质肥沃，茶树遍布。徽州植茶始于南朝，茶文化源远流长。徽州茶文化涉及茶道、茶文艺、茶礼俗、茶饮习、茶建筑等与茶有关的各种文化活动，融诗文书画等艺术于一体，是中国茶文化的重要组成部分。徽州人一年中，饮茶不断，但形成传统习俗的有朝茶、午茶、夜茶。早晨洗漱完毕，饮一杯香茶，沁人心脾，一天都精神爽朗。而午茶与朝茶不同，它讲究的是浓。午饭之后，饮一杯浓茶，消食健胃。夜茶讲究的是舒适、随兴。当夜幕降临，在庭院中饮一杯清茶，劳作一天的疲倦顿时消解，代之以逍遥惬意。黄山人沏茶，又很讲究水，清澈甜美的山泉是最好的，其次是河水，井水次之。

徽州茶道讲究以茶立德、以茶陶情、以茶会友、以茶敬宾，注重环境与气氛，追求汤清、气清、心清。古徽州奉行朱熹的《家礼》，礼仪严格，用作待客的茶礼就更为讲究。客人到来，主人第一道礼便是上茶。当有贵客造访，或遇喜庆之事，讲究吃"三茶"，即枣栗茶、鸡子茶、清茶。枣栗茶是指吃蜜枣煮板栗下茶，鸡子茶则是吃五香鸡蛋下茶。按照旧俗，大年初一全家人要吃三茶，正月来客拜年要吃三茶，婚礼、新女婿上门也要吃三茶。

黄山茶叶的历史可追溯到1200年前的盛唐时代。经过不断的发展，明代的黄山茶不仅在制作工艺上有很大提高，品种也日益增多，而且这时的黄山茶已独具特色、名声鹊起。提到黄山茶，就不得不提黄山毛峰。清代江澄云《素壶便录》中记述："黄山有云雾茶，产高山绝顶，烟云荡漾，雾露滋培，其柯有历百年者，气息恬雅，芳香扑鼻，绝无俗味，当为茶品中第一。"据考证，记载中提到的黄山云雾，应是今天黄山毛峰的前身。黄山毛峰由清代光绪年间谢裕泰茶庄所创制，是中国的十大名茶之一。上等的黄山毛峰，形似雀舌，白毫显露，色似象牙，鱼叶金黄，冲泡后，汤色清澈，滋味鲜浓、醇厚、甘甜，叶底嫩黄，肥壮成朵。黄山毛峰以其独特的品质，成为我国茶叶中的珍品，同时也名扬海内外。

品味黄山茶的幽香清醇，就仿佛体会着黄山的仙山美景、山灵水秀，黄山茶正以其清高的品格以及古老的文化气息，感染着世世代代的华夏子孙。

（三）黄山与宗教文化

1. 道教与黄山

黄山自古就被认为是一座充满着仙灵之气与神秘色彩的仙山。一提到道教在黄山的历史，就不得不提到轩辕黄帝。从黄山名字由来的古老传说中，我们就能知道，黄山与道教有着密切的关系。关于黄帝在此炼丹升天的故事，流传千年，影响甚广，今天的轩辕峰、浮丘峰，以及炼丹、仙人、上升、仙都、道人、望仙诸峰，都与这古老的神仙故事有关。轩辕黄帝的清静之术为后世道教所推崇，他们认为道教就是始于轩辕黄帝，推崇黄帝为道家始祖。道教典籍《庄子》中就说："世之所高，莫若黄帝。"而黄帝，也成为了最早与黄山有着千丝万缕关联的道教名人。

位于黄山脚下的齐云山，又被称为白岳，因其"一石插天，与云并齐"而得名。这座以道教文化和丹霞地貌为特色的山岳，是我国著名的四大道教名山之一，历史上也有"黄山白岳甲江南"之美称。

道教何时传入黄山地区，今天已无从考证，但据传在唐朝以前这里就有道教活动。黄山九龙峰下的九龙观、浮丘峰下的浮丘观是境内最早的道观。唐以后建有真常观、升真观、城山观、步云亭、仙坛道观、松谷草堂、九龙观、东岳观、三义殿等十多座道观。其中九龙观、升真观、真常观都是由皇帝赐额。但到了明末清初，道教逐渐衰落，原来的道观有的废圮，有的改为寺庵，全山范围内，几乎找不到道教活动的踪迹了。

黄山的空灵美景，使她成为道教徒心中最完美的修行圣地。而道教文化赐予黄山的，除了那些饱含历史气息的古老道观外，还有黄山品之不尽的文化气韵。

2. 佛教与黄山

“天下名山僧占多”。名山的开发，往往和宗教密切相关，黄山当然也不例外。据史料记载，佛教早在南朝时期就传入了黄山。唐贞观初年，唐太宗诏令天下，“交岳之处，建立寺刹”。之后，在黄山境内就兴建起为数众多的寺院。据统计，唐宋时期，境内共建寺院 37 座，其中黄山就有 19 座，可见佛教在黄山地区的兴盛。

南宋至元朝，由于战争和异族统治，佛教发展出现停滞。两百余年间，境内只建了庙宇 6 座，而以前的寺院因年久失修，又有许多荒废了，这种情况直到明代时才有所缓解，佛教在黄山地区又有了恢复发展。到了清朝康熙年间，寺庙扩建，僧侣数量也大大增加，有寺庵上百座。道光后，一方面由于战火的侵袭，一方面来自水火灾害的破坏，使得佛教又陷入了衰落。民国之后，佛教活动就更为冷清了。

黄山众多寺庙之中，有祥符寺、慈光寺、翠微寺和掷钵禅院，号称黄山“四大丛林”。在黄山历代的佛教信徒中，能吟诗作画者为数不少，也留下了许多诗画珍品。著名的有唐代的岛云、明代的海能、清代的渐江等等，都有许多传世佳作。

宗教文化笼罩下的黄山，愈发显得深沉厚重，而黄山正是在这样的氛围中，翻腾着气象万千的云雾，吞吐着千百年的历史与文化。

（四）黄山与徽州文化

人类在黄山地区的发展历史十分悠久，早在六七千年前，母系氏族社会的后期，人类就已经在这片美丽富饶的山区中劳作生息了。在距今三四千年的殷商时期，这里居住着一支叫山越的先民，到了春秋战国时期，这里先后归属于吴、越、楚三国。秦始皇统一六国之后，实行郡县制，这里为会稽郡属地。南朝时设置新安郡，徽州古称新安，大概就源自于此。

徽州位于今天的皖南地区，自秦朝设置郡县以来，已经有2200余年的历史。关于徽州名称的起源，一说因其境内有徽岭、徽水、大徽村等，所以因地得名；另一说宋朝统治者取"徽者、美善也"之意，是为炫耀其统治。

古徽州是徽商的发祥地，明清时期徽商称雄中国商界三百多年，有"无徽不成镇""徽商遍天下"之说。以徽商、徽剧、徽菜、徽雕和新安理学、新安医学、新安画派、徽派篆刻、徽派建筑、徽派盆景等文化流派构成的徽学，更是博大精深。徽派文化底蕴丰富，内涵深广，是中国三大区域文化（藏学、敦煌学、徽学）之一。

古代徽州处于群山环抱之中，地势偏远，每当中原处于战乱年代，这里就成了乱世中的世外桃源，成为卧虎藏龙之地。古徽州文风昌盛，教育发达，多儒生雅士，因此历史上以才入仕、以文垂世者，数不胜数。

徽州文化独具特色，异彩纷呈，代代相传且人才辈出。活字印刷术创始人毕昇，宋代理学集大成者朱熹，明清三朝元老、军机大臣许国、曹振镛，富可敌国的大盐商鲍漱芳，著名戏剧家汪道昆，医学家汪机、汪昂，徽墨、歙砚高手李廷，新安画派的创立者和近代著名代表渐江、黄宾虹，哲学家戴震，理财家王茂荫（马克思《资本论》中提到的唯一中国人），珠算大师程大位，近代教育家、学者陶行知、胡适，音乐家张曙，还有工程技术专家詹天佑、郑复光，孙中山元帅府秘书长、近代法学家徐谦等，都是徽州人。

徽州文化内涵丰富，徽州人在文化领域里创立的众多流派，几乎涉及了当时所有的文化领域，并且以其自身的特色在全国范围内和历史的变迁中产生了极大的影响。徽州文化的博大精深，难以一言概述，但可以肯定的是，徽州文化与黄山是血脉相连的，神奇秀美的黄山，造就了人杰地灵的徽州，也成就了底蕴深厚、历史悠久的徽州文化。

四、文人墨客的云梦之乡

黄山的神奇与秀美一直令无数诗人、画家和其他艺术家们叹为观止。他们纷纷将足迹留在黄山，并将黄山的美景镌刻在心中，更留下了不可胜数的艺术作品。明朝的地理学家、旅行家和文学家徐霞客，抱着游遍天下的志向，将他的足迹留在了祖国的大江南北。对于古人来说，黄山的大片云雾与陡崖断壁都是他们试图走进这座神秘大山的障碍，在徐霞客之前，很少有人能进入黄山。直到徐霞客登临黄山，发出了“登黄山，天下无山，观止矣”的慨叹，黄山美景才因徐霞客的盛赞而传遍天下。黄山的奇特美景成为了画家们笔下的浓墨淡彩。明末清初的新安画派，就是一个以黄山及徽州山水为主要题材的绘画流派。他们从黄山的灵动与气韵中汲取着艺术的灵感，将山水的精神融入到画作之中，使黄山在他们的水墨纸张间活灵活现。黄山伟大的自然美，使无数诗人、画家和其他艺术家叹为观止，留下了不可胜数的艺术作品。而在民间，也流传着不胜枚举的与黄山有关的美丽传说。虽然只是传说而并非信史，但它们却以一种独特的浪漫姿态见证着黄山的历史与文化。

（一）徐霞客的发现之旅

提到黄山，人们往往会想起那句“五岳归来不看山，黄山归来不看岳”。这句流传千古的赞美之词，吸引着一代又一代人争相前往那座神秘的仙山，去探访先人的足迹，品读黄山的美景。而这句对黄山的绝美称赞，正是出自徐霞客。

徐霞客是明朝著名的地理学家、旅行家和文学家。他成长于书香门第，自幼好学，博览群书，尤其钟情于地经图志。少年时的徐霞客就立下了“大丈夫当朝游碧海而暮苍梧”的远大志向，发誓要走遍中国的山山水水。在研读了地理文化方面的众多书籍资料之后，徐霞客开始了他的旅程。他写于沿途的大量日记，后来有许多都散佚了，但所幸还有部分遗稿保留了下来，并由他的朋友帮助收集整理，辑成了今天我们所看到的《徐霞客游记》。据这部游记所载，徐霞客的足迹曾遍及了今天大半个中国，在完全没有政府资助的情况下，他先后游历了江苏、安徽、浙江、山东、河北、河南、山西、陕西、福建、江西、湖北、湖南、广东、广西、贵州、云南等 16 个省、自治区，东到浙江的普陀山，西到云南的腾冲，南到广西南宁一带，北至河北蓟县的盘山。

公元 1616 年，徐霞客来到了黄山，开始了他的发现之旅。风尘仆仆的徐霞客，此时面对的是一座从前并不为世人所熟知的大山。他小心翼翼，寻踪觅径，独自一人走进了这座神秘的大山。当他费尽周折攀登到了光明顶上，眼前滔滔的云海顿时令他无比震撼。雾气渐渐消散，云散日出，霞光灿灿，黄山仙境般的美景呈现在徐霞客的面前。这位“五岳寻仙不辞远，一生好入名山游”的大旅行家，在游历了众多的名山大川后，仍然被眼前的黄山美景所深深震撼。他感叹道：“薄海内外，无如徽之黄山。登黄山，天下无山，观止矣!”正是这一声慨叹，让黄山真正地进入了世人的视线中，激起了此后无数人对黄山的向往与憧憬。

在第一次登临黄山之后的两年，也就是 1618 年，徐霞客第二次来到了黄山。经过这两次细致的游览与考察，徐霞客以他深邃的眼光和卓远的见识，在日记中记录了黄山的地貌特点，明确地指出了黄山四周溪流的流向以及发现莲花峰是黄山的最高峰等等。在其先后两篇《游黄山日记》中，徐霞客用绮丽优美的语言详细地描绘了黄山的诸多景观及其特征。他笔下的黄山松“破石而出，盘结于危岩峭壁之上，挺立于风牙决壑之中，或雄壮挺拔，或婀娜多姿，浩瀚无际，与朝霞落日相映，色彩斑斓，壮观瑰丽”，生动刻画出了黄山松的奇绝品貌与坚韧性格。而他更在文章中感慨道：“不意奇山中又有此奇品也!”可以说，徐霞客的《游黄山日记》，不仅是一篇精确严谨的科学考察笔记，更是一篇为世人呈现黄山壮美面貌的优美散文。

徐霞客以热情细腻的笔触，描绘了一幅千岩竞秀、松涛云海的壮丽图画，不仅为后人留下了研究古代黄山地貌特征的珍贵资料，也让我们见识了黄山的历史以及她永恒不变的魅力。

（二）明清画派笔下的水墨黄山

明代以后，也就是徐霞客发现黄山以后，黄山愈发成为文人墨客们所钟爱的寄情之地。他们纷纷登临黄山，将自己的足迹留在了这片奇美的山水之间，又在与山水交融的过程中抒发着自己的情怀，情景相融，物我两忘。

新安画派是明末清初之际活跃在安徽南部的一个绘画流派，主要成员是一些徽州地区的遗民画家和当时寓居外地的徽籍画家。他们善用笔墨，貌写黄山，借描画景物抒发自己的情怀，在画论上提倡画家的人品和气节，绘画风格趋于枯淡幽冷，具有鲜明的士人逸品格调。由于这群画家的地缘关系、人生信念以及绘画风格具有明显的同一性质，所以时人称他们为“新安画派”。自从清朝康熙年间的艺术理论家张庚最早提出这一名称，后人一直沿用，“新安画派”的名称就这样固定并流传了下来。

新安画派成员众多，力量雄厚。早期代表人物之一渐江，也曾经想在反清复明的浪潮中拿起武器，但最终他还是选择遁入空门，隐居黄山。重拾画笔的渐江，在黄山中找到了他精神的寄托。孤立的山峰、断裂的山石、扭曲的松树，恰好契合了渐江国破家亡后的内心世界。他把黄山当作自己的知音，用他的灵性之笔，抒写了黄山的真性情。渐江笔下充满着奇山异石的黄山，也正是他心中破碎山河的写照。

同样是一位画僧，石涛并没有那么多关于自己身世的故事。作为一个僧人，他从禅门转入画道，画作中常有一种超凡脱俗的意境。要“搜尽奇峰打草稿”的他，曾多次登临黄山，在真山真水中追寻创作的素材。石涛用一生的时间感悟着黄山的气韵，用他的笔墨画出了黄山的虚实隐显、草木枯荣。他独树一帜的画法，也为后人留下了绝世妙笔。石涛的好友梅清，在石涛作品的感染下，也走进了黄山，并以黄山的景色为依据创作了大量的作品，他自己也说：“余游黄山之后，凡有笔墨，大半皆黄山矣。”更可见黄山在艺术创作中的重要地位。由于石涛与梅清的介入，新安画派突破了地域的局限，形成了完全以黄山取材进行艺术创作的“黄山画派”。他们以凝重简练的笔墨、明快秀丽的构图和清高悲壮的风格、深沉宏达的旨意，在画坛独树一帜。石涛、梅清、渐江被称为黄山画派三巨子。现代著名书法家贺天健曾评论这三人道：“石涛得黄山之灵，梅清得黄山之影，渐江得黄山之质。”

行走于黄山的画家们，在明山秀水之中，体悟山水之精神，又将其糅合进自己的画作当中。他们既用黄山的秀美奇傲来宣泄内心的苦闷，又以黄山禅宗般的空灵意境来表现超凡脱俗的忘我境界。黄山气象万千的气韵与动静相宜的姿态，充满了灵动之感，让画家们感受着黄山的灵气，也感受着黄山与自己心灵间的默契。

中国写意山水是中国国画的极致表现，追求借景抒情，以有限表现无限，与西方的写实风格不同，强调的是气韵。黄山的云海，正赋予了画卷绝佳的气韵。云雾升腾，如梦似幻，气象万千，瞬息万变。大山形态总有止境，而黄山却能以变化取胜，灵动悠远，永无止境。黄山以她独特的风骨成就了中国的山水画艺术，而中国的山水画，也让黄山升华为一座充满文化韵味的名山。

（三）古典诗词中的黄山情韵

文人墨客对于山水，有一种异乎寻常的钟爱。黄山这座在中国文明史上扮演着特殊角色的神奇之山，始终在中国自然和人文的历史上清晰生动，摇曳多姿。除了山水画卷，文人墨客们更以唯美的诗文，抒写着他们心中的黄山。

从盛唐到晚清的1200多年间，赞美黄山的诗文数不胜数。丰富的内容与体

裁，使这些文学作品能够从各个侧面发掘与捕捉黄山之美。散文中，以徐霞客的《游黄山日记》最为著名，此外还有袁枚的《游黄山记》等作品，都体现了黄山绝美秀丽的风姿。古典诗词这一传统文化的瑰宝，以它们优美的语言、丰富的意蕴以及艺术的抽象魅力，在中国传统文学的长河中熠熠生辉。以黄山取材的诗词为数众多，佳作迭出。温庭筠、卢照邻、李白、贾岛、范成大、石涛、龚自珍、袁中道，直至郭沫若、老舍，都有不少佳作流传于世。

诗仙李白，以率性洒脱而著称，常以诗酒为伴的

他，也将豪情挥洒在山水之间。多次登临黄山的他，也被这奇景所感染，留下了许多旷世名作。他与隐士殷十四夜泊黄山脚下，作《夜泊黄山闻殷十四吴吟》记此事；登黄山送溧阳尉李济押解漕运粮船东下，吟《登黄山凌台送族弟溧阳尉济充泛舟赴华阴》；过龙门渡时赋《泾溪东亭寄郑少府谔》；此外更有《送温处士归黄山白鹅峰旧居》《赠黄山胡公晖求白鹇》等记事抒情之作。“黄山四千仞，三十二莲峰。丹崖夹石柱，菡萏金芙蓉。”黄山的雄奇峻秀感染着这位才情狂放的诗人，他行走在黄山之中，将他的浪漫情怀融入到黄山的仙山幻境之中，且行且吟，留给后人的不只是“梦笔生花”的美丽传说，还有那些至今仍闪烁着光芒的千古佳作。

从宋代诗人张冠卿的“路尽清溪逼画图，乱云深处插天都”（《游黄山留题》）中挺拔的天都峰，到明代方勉的“百道飞泉鸣玉佩，千寻石柱架琼峦”（《题黄山》）中的飞泉与群峰；从明代唐世靖的“一线天高不可升，穿云深处有梯登”（《百步云梯》）中的百步云梯，到清代魏源的“峰奇石奇松更奇，云飞水飞山亦飞”（《黄山绝顶题文殊院》）中动静相宜的黄山全景，还有宋代朱彦的“嵩阳若与黄山并，犹欠灵砂一道泉”（《游黄山》）中的黄山温泉，尽显黄山之大气磅礴，处处都是美景，处处皆可入诗。明代文学家袁中道在《黄山》一诗中感叹道：“貌山多溢语，此地愧难诠。”意思是说黄山之奇伟宏大，已经难以用文字来形容，黄山的意境更不是用文字可以诠释的。

文人墨客们心中的黄山究竟有多美？今天的我们也许能从李白的这首《山中问答》中追寻到答案——

问余何意栖碧山，
笑而不答心自闲。
桃花流水杳然去，
别有天地非人间。

（四）绚丽多彩的民间传说故事

黄山自古以来就以她超然于世的姿态吸引着世人的目光，也成为人类艺术创作不竭的源泉。除了文人们的直接创作，还有许多流传于民间的美丽传说，在人们的世代传诵中，编织起一个个依附于黄山奇景的传说故事。其中既有对真善美的向往，也有对假恶丑的鞭挞，凡此更赋予了黄山灵动的生命气息，用人们美好的心灵，书写着一道道别样的动人风景。

云海卷舒，流泉飞瀑，苍松虬劲，怪石峥嵘，黄山的诗化意境简直就是神话传说的天然背景。从黄帝炼丹升天的传说开始，我们知道了黄山名称由来的故事。提到名字，黄山有名可数的七十二峰，以及众多造型各异的怪石，它们的名字也都各有来历。在介绍黄山自然景观的时候，我们已经提及了不少民间传说故事，既有莲花峰来历的传说，也有李白“梦笔生花”的故事，其实，这样的传说在民间数不胜数，“猴子观海”“仙人指路”“飞来石”等等名字的背后，都是一个又一个美丽的遥远传说。

在云谷寺到皮篷路口，有一怪石屹立峰巅，状似身着道袍的仙人，一手举起，似为游客指引进入皮篷之路，故名“仙人指路”。它之所以久负盛名，不仅仅在于外形酷似仙人，而且因为它的背后还有一段对世人颇有启发的故事。相传很久以前，有一位两岁能文、4 岁会武的神童，只因后来科场失意、擂台负伤，改行经商后又把老本蚀光，在走投无路之时就奔赴黄山来寻师访仙，哪知跑遍了千峰万壑，却连半个人影都没有见到。吃光了干粮的他只能靠吞野果维生，渐渐骨瘦如柴，终于有一天昏倒路旁，奄奄一息。不知过了多久，来了一位身背篾篓、脚着山袜芒鞋的老人，把神童救醒过来，问明情况后，老人哈哈一笑说：“你怎么聪明反被聪明误呢？这世上哪里有什么神仙，你快回家去找个力气活干吧，免得在这荒山野岭中丢了性命，白白喂了豺狼虎豹。”说完还送些野果给神童路上吃。神童心想老人的话是对的，就千恩万谢地辞别了老人。

没走多远，他猛一下醒悟过来，“我跑遍全山连个人影也没见过，那老汉分明就是仙人。”他回头就追，追上老人后就双膝跪地，苦苦哀求老人给指引一条成仙得道之路。老人说：“我哪里是什么神仙。实不相瞒，我前半生被名利二字害得家破人亡，这才看破红尘，隐匿于此。”神童半信半疑，但见老汉风度不凡、气宇若仙，便决心拜老人为师，苦苦哀求不止。谁知等他抬头再看时，这老人却变成了一块高大魁伟的“仙人指路”石。神童又在石头前百拜千叩，忽然石头人肚里发出声音：“踏遍黄山没见仙，只怪名利藏心间。劝君改走勤奋路，包你余生赛神仙。”神童最终听了仙人的话，后半生不但成家立业，而且日子过得很红火。清人曹来复写诗记之道：“世事多乖错，投足皆模糊。请君出山去，到处指迷途。”

“仙人指路”当然只是一个传说，但它以寓言的形式让人们明白了做人的道理与人生的意义。这些来自黄山的民间神话传说，虽然荒诞离奇，却都耐人寻味，体现着民间百姓最质朴的情感和对善良美好心灵的追求。

黄山以其天开雄奇的不朽魅力，哺育了无数艺术家的艺术创作，又展示、寄托着创作者对大自然的领悟、对话，以及对美的不懈追求。黄山，真正地成为了世人心中的人间仙境，成为文人墨客们心中的云梦之乡。

五、黄山归来不看岳

中国自古有五岳名山，而黄山不曾位列其中。许多人都有这样的疑问：人常说“五岳归来不看山，黄山归来不看岳”，既然黄山有如此人间美景，为何竟不在为世人称颂的“五岳”之列？这段“封岳”历史的背后，又有着怎样的故事呢？今日之黄山，俨然成为世界遗产名录中熠熠发光的一颗明珠。自 1990 年被列为世界自然与文化双重遗产，黄山更为世人所关注，作为一座奇山愈加驰名海内外。

（一）五岳之中为何没有黄山

一句“五岳归来不看山，黄山归来不看岳”，将黄山定位在了五岳乃至群山之上。的确，黄山之景，变幻莫测，动静相宜，四时而不同，高低而有别，景色之绝美令人为之倾倒。比之五岳中任何一座山岳，都无逊色之处。但“五岳”之中为何没有黄山呢？这还要从“五岳”的来历说起。

五岳中的“岳”，意思是高峻的山。在中国，具有气势的大山才能被称为“岳”。中国古代的五岳，指的是东岳泰山(山东)、南岳衡山(湖南)、西岳华山(陕西)、北岳恒山(山西)、中岳嵩山(河南)。古代帝王附会五岳为群神所居之处，五岳也成为帝王们举行封禅、祭祀盛典的场所。五岳原是远古山神崇拜、五行观念和帝王巡猎封禅相结合的产物，但是随着时代的发展，山上独特的自然景观逐步被人们开发出来，今天的五岳已成为自然和人文景观兼具的风景名胜区。泰山之雄，华山之险，衡山之秀，恒山之幽，嵩山之峻，可以说各具特色，闻名于世。

“五岳”之称始于何时，史书记载不尽相同。据说夏商时代只有东、西、南、北四岳，没有中岳，直至汉武帝时才创立五岳制度。到了汉宣帝时代，皇帝颁发诏书，确定以山东泰山为东岳，陕西华山为西岳，安徽霍山（即天

柱山）为南岳，河北恒山为北岳，河南嵩山为中岳。隋文帝杨坚统一之后，又下诏改称湖南衡山为南岳。这样，“五岳”便沿称至今。

从史料中可以看到，从汉朝时确立“五岳”制度开始，能够成为“五岳”的五座大山，地理位置都是处在我国经济开发较早的地区。东岳泰山，在商代就是我国经济、文化中心；北岳恒山，也在中原文化的影响范围之内；西岳华山和中岳嵩山，一个处在关中要津，一个位于中原腹地，都是华夏文明的最早发源地；而南岳衡山更是我国南方的经济、文化开放地区。相比之下，此时的黄山却静默于皖南的万山丛中，无人知晓。

由于黄山不通大道，不近水流，交通至为阻塞，山中更是薪蒸蔽道，无路可寻，因此，黄山被人类发现是很晚的事，更不用说山上自然景观的开发了。从今天能看到的史料中可以知道，唐朝以后，才开始有游人进入黄山，而明朝大旅行家徐霞客的到来，可以说是黄山从默默无闻到惊动世人的转折点，这时的黄山才开始真正为世人所熟知，成为一座名山。黄山出名，与五岳相比，至少要晚 1000 年，当然不能与五岳相并，不在“五岳”之列也就不足为怪了。

（二）堪比五岳的人间仙山

黄山一直有黄岳、黄海、小华山等别名和美称。自古以来，历游名山者多认为黄山之美不亚于五岳。除了徐霞客的赞美，明代著名书画家董其昌也认为黄山“秀甲九州”。黄山“天下第一山”的美誉，也历来得到世人的认可。

黄山四季景色各不相同，初春千峰苍翠，繁华似锦；盛夏泉水幽鸣，峭壁飞瀑；仲秋枫松相见，霞彩漫天；严冬遍山素裹，玉树琼楼。黄山夏无酷暑，冬少严寒，晨昏暮霭，瞬息万变。无论泰山之雄伟，华山之险峻，衡山之烟云，雁荡之巧石，峨眉之秀丽，庐山之飞瀑，种种秀美、神奇都已集于黄山之一身。黄山有“四绝”，又不止于“四绝”，千峰万壑一望无际，奇松怪石各有巧姿，湖瀑溪潭，争奇斗艳，烟云飘渺，浩瀚似海。难怪每一个登上黄山的人，都会为她彻底折服，叹为观止——“任他五岳归来客，一见天都也叫奇”“谁信天地间，竟有山头海”“翠影岚光千万状，我虽能到未能言”。据说郭沫若当年登上黄山之顶，只写下了一句“深信黄山天下奇”。作为一代文豪，人们当然希望他能为黄山留下更多更好的文章，但郭沫若思忖良久说：“李白登黄山尚且没有留下更多传世的文章，又何况是我呢。如果要多说，还是徐霞客的那句话，‘登黄山，天下无山，观止矣’。”

看遍黄山奇景，品读过黄山文化，我们终于能够明白“大象无形”的黄山究竟有着怎样的魅力。视黄山为知己的中国文人，始终寻觅着天地人之间的和谐意境，而充满仙灵之气的黄山，正是他们孜孜以求的心灵境界。中国人认为，看过五岳可以不再看其他的山，而看过黄山可以连五岳都不必看了。酷爱山水的中国人从来没有停止过对黄山的喜爱，并把她作为衡量一切大山美的标准。黄山这来自造物者的馈赠，成为了中国人心目中美的化身。

（三）世界遗产名录中的黄山

黄山美景自呈现在世人面前的那一天起，就注定了她不凡的命运。中国人对黄山独特的感情与极度的推崇，终于让这座“天下第一山”扬名海外，让世界的目光投向了这座美丽的大山。

1990年12月7日至12日，在加拿大班夫市举行的联合国教科文组织世界遗产委员会第十四届会议上，黄山风景区作为世界文化和自然双遗产被列入《世界遗产名录》，成为《世界遗产名录》中的第十七个双遗产项目。

世界遗产是指被联合国教科文组织和世界遗产委员会确认的，人类罕见的、目前无法替代的财富，是全人类公认的具有突出意义和普遍价值的文物古迹及自然景观。联合国教科文组织注意到，世界各国文化遗产和自然遗产越来越受到破坏的威胁，一方面是因年久腐变所致，另一方面是由社会和经济条件的恶化而造成的更加难以对付的损害或破坏现象，而任何文化或自然遗产的破坏或毁灭，都可能造成全世界的遗产枯竭。成为世界遗产，既反映了其对人类文明的特殊价值，又是获得全世界共同保护的一种方式。黄山以其无与伦比的自然景色，以及

中国古代艺术、文字、建筑等深厚的文化内涵，当之无愧地被列入世界文化与自然双遗产名录。

黄山以其独特的魅力征服了世界遗产委员会的专家们，他们这样评价黄山：“黄山，在中国历史上文学艺术的鼎盛时期（16 世纪中叶的‘山水’风格）曾受到广泛的赞誉，以‘震旦国中第一奇山’而闻名。今天，黄山以其壮丽的景色——生长在花岗岩石上的奇松和浮现在云海中的怪石而著称，对于从四面八方来到这个风景胜地的游客、诗人、画家和摄影家而言，黄山具有永恒的魅力。”

五百里黄山这块世界文化与自然瑰宝，就像一首无言的诗，用她的起承转合演绎着中国人心目中最唯美的韵律。

五台山

五台山是驰名中外的佛教圣地，囊括了自然、人文和宗教的精髓，是一处“天人合一”的人间净土。这里有百余座恢弘古刹，五百里佛国道场，两千年晨钟暮鼓，是中国唯一一座集汉、藏两大教派于一身的佛教圣地，与四川峨眉山、浙江普陀山、安徽九华山并称为我国佛教四大名山。五台山因它气势恢弘的佛教寺院建筑群，以及一代又一代在此修行得道的高僧，闻名海内外、位列四大佛教名山之首。

一、五台山自然环境概述

（一）五台山地理位置及名称由来

五台山坐落在“华北屋脊”太行山系的北端，山西省忻州市五台县东北隅，距山西省会太原市240公里。从忻州城区到五台山全程160公里，行车时间约两小时。纵横绵亘一百余公里，以台怀镇为中心，整个五台山面积为2837平方公里。五台山主要有东、西、南、北、中五座高峰。五峰之内称台内，五峰之外称台外。东台望海峰，在台怀镇东10公里处；西台挂月峰，在台怀镇西13公里处；南台锦绣峰，在台怀镇南12公里处；北台叶斗峰，在台怀镇北5公里处；中台翠岩峰，在台怀镇西北10公里处。

五台山由一系列大山和高峰组成，其中五座高峰，其峰上平坦宽阔，如五柱擎天，最早称“五峰山”，是说崇山峻岭中突兀拔起五座主峰。自从宗教活动在山内盛行以后，发现“五峰耸出，顶无林木，有如垒土之台”，依据中国历史上“台”的发展演变过程，改称为“五台山”，五台山便由此得名。

另外，五台山还有“清凉山”“紫府山”“圆光山”“白云山”“雁门山”“灵鹫山”“五顶山”“五龙山”等别名。或据史实，或依经籍，或源传说，无不情趣盎然，这些历史悠久的记载也说明了五台山的古老风韵和悠久的自然和文化历史。

（二）五台山地貌形成与特征

五台山地质古老，地貌奇特，是著名的国家地质公园。五台山地处华北，与恒山——太行山连绵，相对高差达2400多米，大面积露出了地壳不同层次的岩层和地质构造，完美展示出中国大陆基底的地质构造和地质组成，是由大于25亿年的

世界已知古老地层构成的最高山脉。在漫长的地球演进中，五台山经过了“铁堡运动”“台怀运动”“五台运动”“燕山运动”，形成了以“五台群”绿色片岩及“豆村板岩”构成的“五台隆起”，具有冰川地貌、高山草甸，更有第四纪冰川及巨大剥蚀力量造成的“龙蟠石”“冻胀丘”等冰缘地貌的奇观。可以说，五台山拥有独特而完整的地球早期地质构造、地层剖面、古生物化石遗迹、新生代夷平面及冰缘地貌，完整记录了地球新太古代晚期——古元古代地质演化历史，具有世界性地质构造和年代地层划界意义和对比价值，是全球地质科学界研究地球早期演化以及早期板块碰撞造山过程的最佳记录，是开展全球性地壳演化、古环境、生物演化对比研究的典型例证。五台山当之无愧地被誉为“中国地质博物馆”，对认识地球早期历史具有很重要的价值，是一个世界上稀有的、集文化与自然一体、弥足珍贵、不可再生的遗产地。

五台山，最低处海拔 624 米，最高峰海拔 3061 米。五台山是中国最古老的地质构造地区之一，是全国地质研究对比的典型地区之一，是地球上最早露出水面的陆地之一，它的形成要追溯到 25 亿年前。

五台山位于汾渭地堑北部，境域内地形极为复杂，是典型的断块山地。由于受五台山脉走向影响，境内主要为五台背斜隆起和滹沱河断陷盆地。由于历次地质构造运动，使境内地形表现为重峦叠嶂、丘陵起伏、沟壑纵横、高低悬殊的特征。按其成因和形成特点，可分三大类：剥蚀构造的断块高中山地、山间黄土台地、河谷沟川。西侧沿古滹沱河断裂带掀斜，形成“五台”，山体陡峻，直下滹沱河谷地；东侧舒缓，向断块山受断层控制的块体，呈整体抬升或翘起抬升形成的山地，从而形成了和缓的夷平面和深山峡谷的地貌特征，成为华北地区最雄浑壮伟的山地。

在五台山地貌中，较为特殊的是冰缘地貌。它是由于第四纪地下冰融化作用形成的冰川遗迹。中国的冰缘地貌，主要分布在青藏、西北高山地区和大兴安岭一带，而华北仅见于五台山。五台山的冰缘地貌，是德国舒密特赫教授于 1913 年在五台山进行地质考察时首先发现的。在中台顶上，堆积了大大小小的石头，大的如牛，小的似蛙，其色灰白，有棱有角，俗称龙翻石，实际为龙蟠石，就是冰缘地貌的遗迹。黛螺顶上的槽谷肩、鱼脊岭和菩萨顶冰坎等，其冰缘地貌也十分典型。

五台山高海拔的特征，也为弥足珍贵的冰缘地貌和植被的垂直地带性发育提供了基础。作为山地的最上部，受高寒严酷气候胁迫，形成独特的高山草甸植被景观。不同的地貌类型组合在一起，叠加上不同的植被类型，形成了五台山独特的景观。

谷底开阔、地形和缓的台怀盆地成为佛教建筑和文化集中分布的区域，保留的重要的佛塔、寺庙建筑、佛像和壁画等代表了中国古代建筑和艺术的杰出成就。

五台山的存在有如活化石般见证了我们的地球曾经经历过的一切变迁，不仅是地质，还有历史上的分分合合、朝代更迭与人间的喜怒哀乐。海枯石烂，沧海桑田之后，它依然巍峨而悠然地屹立在那片土地上，俯仰世间万物，接受着来自全世界的游人、僧侣、信徒的观仰和朝拜。

（三）五台山气候特点

五台山气候寒冷，在一些佛教典籍中又被称做“清凉山”。虽然它位于与北京大致相同的纬度，但气候特征却和中国东北部的大兴安岭差不多。据气象资料记载，台顶历年极端最低气温为－44.8℃，极端最高气温为 20℃，全年平均气温为－4℃，7 至 8 月最热，分别为 9.5℃和 8.5℃，1 月份最冷，平均气温为－18.8℃。台怀地区比台顶早一个月入春，迟一个月入秋，温差相差 6℃左右，全年平均气温为 2－3℃，最低气温－30℃，最高气温为 30℃。由于海拔较高，即使在盛夏，台怀镇(约海拔 1700 米)的最高气温也只有 27℃。地处黄土高原的山西，绝大部分地区常年干旱少雨，而五台山例外。因为台怀地区夏季空中云层较近，湿度大，常有雨水，在这样的地带里出现这样的一座大山，可谓大自然的恩赐，真乃是洞天福地啊！

此外，去五台山礼佛、旅行的朋友们最好多带些衣物，并带上雨伞。春、秋两季去

五台山旅游还需带上毛衣、毛裤之类。去这样一座名山旅游，自然少不了早起爬上东台去观日出的传统行程，但需要注意的是：游人登东台观日出，需从当地租大衣，不然晨光微曦时分高海拔的山顶的低温易使游人着凉感冒。

（四）清凉圣地，五顶胜境

五台北部阴谷处有终年不化的“千年雪”“万年冰”。北台盛夏时亦可偶见降雪，因此五台山亦称“清凉山”，是夏季的避暑胜地。夏日三伏骄阳炎炎，酷暑难耐，然而五台山却气候凉爽宜人。盛夏白昼，气候宜人，早晚还略显些凉意。在这清凉圣境避暑调养，着实是一件称心惬意的快事。也许这也是五台山吸引了历代帝王、文人到现在五湖四海的游人前来的原因之一吧。

五台山因五峰耸峙如五柱擎天而得名。说到五峰，五台山的魅力在于这五座山峰景色各有不同，甚至得其美誉为“五顶胜境”。

东台海拔 2795 米，“蒸云浴日，爽气澄秋，东望明霞，如陂似镜，即大海也”，故称望海峰。如幻如梦的仙境，试想清晨屹立于高峰之巅，注视红彤彤的太阳冉冉升起，神清气爽，看着太阳的光芒逐渐由少女害羞的红霞变成炽热的光芒万丈，俯视大地，是一种何等的身心愉悦！

西台海拔 2773 米，“顶广平，月坠峰巅，俨若悬镜”，称挂月峰。有诗曰：“西岭巍峨接远苍，回瞻乡国白云傍。孤峰岭翠连三晋，八水分流润四方。晴日野华铺蜀锦，秋风仙桂落天香。当年狮子曾遗迹，岩谷常浮五色光。”

说到西台，不禁让人浮想联翩，从广阔平坦的大山，联想到犹如夜明珠般挂在山巅的明月，从壮美的峰峦叠翠联想到这里曾经是文殊菩萨与其坐骑出没过的地方，佛光若隐若现，佛音如在耳畔。

南台海拔 2485 米，“顶若覆盂，圆周一里，山峰耸峭，烟光凝翠，细草杂花，千峦弥布，犹铺锦然”，故称锦绣峰。著名诗人元好问赋诗赞曰：“沈沈龙穴贮云烟，百草千花雨露偏。佛土休将人境比，谁家随步得金莲？”

与西台的雄伟瑰丽不同，南台犹如一名体态修长的少女，亭亭玉立，豆蔻年华般的风姿秀美，眉不染而黛，唇不点而朱。举手投足间都有着那万种风情，绝色之容，倾国之貌。

北台海拔 3058 米，是五台山最高峰，也是华北第一高峰，素有“华北屋脊”之称。“顶平广，圆周四里，其下仰视，巅摩斗勺”，称叶斗峰。康熙皇帝赋诗赞曰：“绝磴摩群峭，高寒逼斗宫。钟鸣千嶂外，人语九霄中。朔雪晴犹积，春冰暖未融。凭虚看陆海，此地即方蓬。”站在这华北最高处，是不是就犹如接近了神仙、佛祖所在之地？是不是感受到了飞上九天揽月的豪迈与磅礴？

中台 2894 米，是五台中心。“顶广平，圆周五里，巅峦雄旷，翠霭浮空”，称翠岩峰。有诗赞曰：“群峰面面拥奇观，朝雨和烟积翠峦。策杖千山浑不倦，披裘六月尚余寒。苍崖碧嶂周遭合，古木黄沙四望宽。云雾渐看山半起，却疑身已在云端。”

五台之顶均是平坦之势，高大雄伟使得台顶好像浮在流云之上，位于此，便好似在云端漫步，腾云驾雾，如此想来倒多了几许仙风道骨之意。

五台山流传下来诸多的千古佳句，它们既寄托了历代帝王将相、文人骚客对五台山的赞叹，同时也留下了可供今人了解、考证的大量依据和资料。或虚或实，但我们依然可以依稀勾勒出那美妙绝伦的景致。

二、钟灵毓秀五台山

五台山自汉明帝建大孚灵鹫寺以来,传为文殊菩萨的道场,以后各代不断建寺修塔,使其成为中国四大佛教名山之一。现仍保存 40 余座寺庙、佛殿及众多佛教文物。是中国古代建筑彩雕、壁画、书法等艺术荟萃之所。著名的佛寺有显通寺、塔院寺、菩萨顶、殊像寺以及南禅寺大殿和佛光寺等。台山十景是五台山传说的胜迹,如高达 17 米的千手佛、重 4999.75 公斤的铜钟,高 6 米的铜塔、汉白玉雕的石碑坊,70 米高的白塔等等。

(一)奇异的写字崖

五台山最低处海拔仅 624 米,最高处海拔达 3058 米,为华北最高峰。重峦叠嶂,峰岭交错,大自然为其造就了许多独特的景观。奇峰灵崖,随处皆是,著名者达 50 余处,最奇异的莫过于传说中的写字崖。据《五台山志》等资料载:写字崖又名显字崖,亦名台麓字崖,位于五台山风景名胜区主景区台怀镇 25 公里外的石咀射虎川,毗邻清朝皇帝朝台行宫之一的台麓寺。

在经历过多年风雨剥蚀而掉落过几层且又坚硬不平的山崖石头上,用水洒湿以后,拿手帕仔细擦拭,崖面会显示出类似篆隶体字迹,水干字隐。有人曾揭去表皮石层,结果下层仍能擦出字来。层层有字,字字不同。这片奇异的山崖就是五台十景之一的写字崖。

至于这奇异的现象发生的机理,则是一个至今仍没有被破解的谜,却有不同的人做过不同的猜测:许多文人解释,是一古人在石崖上题记,墨汁渗入砂岩而致;而懂地质的说是岩石的自然条纹特殊,看花像花,看字像字;还有的说是上古文明的见证。经雨淋及风吹日晒,有些岩石掉了一层又一层之后,在新的岩面上还能擦出字来。据说,有人曾经擦出“天之三宝日月星,地之三宝水火风，人之三宝精气神”等佛教隐晦连句。另外，在这里还流传着这样一个传说：很早以前有三位秀才游览五台山，路过这里时，发现山水秀美。于是，便在这面陡立的石壁前流淌着的一条清清的小河边坐下来，边休息边谈论诗文。谈论到兴致处，秀才们便临河研墨，挥毫在石壁上题诗作词，炫耀自己的才华，以比高低。第一位秀才写的是诗，第二位秀才填了一首词，第三位秀才作了一篇赋。然后，各自夸自己作得好，争论得难分高下之时，正好有一位老和尚从此路过，应三位秀才的邀请，老和尚依次看过后，淡淡一笑说：“这诗龙飞不高，凤舞不好；这词铁划不硬，银钩却软；这赋文中缺情，情中缺理。依贫僧之见，你们的文字平庸无奇，不过雕虫小技而已。”老和尚话刚落音，一位秀才就高声说：“贼和尚，有本事咱就比一比。”老和尚大笑说：“贫僧写的字干隐湿显千年在，天地人宝藏墨中。”说完就从山坡上摘下一段松枝，蘸着河水和山中绿苔，在山石壁上写下了“清凉古刹游人来，佛法僧宝永世在”。秀才们一看，竟是苍劲古拙的大手笔，心中折服不已，便不约而同地跪倒在地，向老和尚纳头便拜，待拜完抬头一看，老和尚早已不知去向。此处由此成为了千年灵迹奇观。

真相到底是什么？至今无人能知，不能不赞叹大自然的神奇。我们不禁开玩笑说，这处奇妙的灵迹便是大自然给我们留下的“哥德巴赫猜想”。

（二）最奇妙的“圆光”

在五台山最奇特的景观莫过于“圆光”了。圆光从本质来讲，其实是彩虹，它是一种在彩虹中摄出游人的影子的壮观景象。一般的彩虹多发生于雨后，呈弧形。但是五台山即使不下雨也会出现彩虹，呈七彩圆环状，有的可以呈现出内外两环相套，环内出现各种景象，飞禽、走兽、殿堂、佛像，有的时候会出现观察者自己。这也是佛教信徒们所说的“佛光”。

中国古人尤其重视吉祥之兆，称之为“祥瑞”，历代帝王都会定期择选黄道吉日，登上一处灵山宝地为江山社稷祈福，祈求上天赐予人间福祉，祈求风调雨顺，连年丰收，人们安居乐业。

最重视的莫过于祥瑞之兆，那对他们意味着功德圆满得到了神仙佛祖的回应与赐福。虽然，在现代看来，这些充满了封建迷信的色彩，即使看到了也只当做一种景观而已。但是，这样的祥兆在中国历史上确实有着非凡的令人无比欣喜的意义。因此，“五台圆光”被佛教界奉为吉祥的显兆、菩萨显灵，它被称为是五台山的镇山之宝。

（三）栖贤寺与大社铜牛

栖贤寺位于五台山的大社村，故古称大社寺。据传，北宋年间，杨七郎在一次擂台比武中，打死了潘仁美第三子潘豹，潘家即把杨家视为不共戴天的仇人，不断向皇帝控告杨家罪状，加上潘仁美之女潘妃在宋太宗面前哭哭啼啼，内外夹攻，迫使宋太宗下令将杨家父子革职为民，遣送到五台山大社寺软禁。被软禁的第二年秋天，辽邦撕毁了和约，大举进犯宋朝边境，宋太宗以潘仁美为帅，御驾亲征，结果被困在幽州，此时势逼宋太宗又要启用杨家将，便派八贤王赴五台山向杨家父子求救。当杨家父子离开大社寺时，村里人为纪念他们，便把大社寺更名为“栖贤寺”。

栖贤寺的中殿（今栖贤阁）内供奉着一头明代铸造的铜牛立像，身高 0.85 米,体长 1.46 米,分足而立,头向前伸,圆目正视,嘴合鼻张,双角内收,腰部披垫,彩绘花纹,通身镏金。整个造型美观大方,形象逼真。人称“大社铜牛”，属五台山旧十景之一。原与铜牛配套的还有一辆铜车，车上的绳索也是铜质。寺庙本是供奉佛教中的菩萨的场所,为什么还要供奉铜牛？铜牛的典故出自《法华经·譬喻品》,谓“有大富长者，其家广大，唯有一门，多诸人众。”一日，忽然大火四起，焚烧腐朽倾危的屋宅。长者早在宅外,见诸子对险情“不知不觉,不惊不怖”，仍在宅内戏乐，无求出意,不胜悲悯，长者知道诸子喜爱珍奇之物。便说：“如此种种羊车,鹿车,牛车今在门外，可以游戏,汝等于此火宅宜速出来,随汝所欲,皆当予汝。”诸子听了,踊跃“争出火坑”。既出，求索“三车”，而长者各赐诸子一辆“大白牛车”，高广华饰“行步平正，其疾如风”，诸子喜出望外。关于这段譬喻的意思,《法华经》中说:“是诸众生未免生老病死,忧悲苦恼,而为三界火宅所烧。如来为把众生从生死的火宅运载到解脱的彼岸,根据众生的不同根机,为说‘三乘’,即三种运载的方法。若有众生为求羊车出于三界火宅,称为‘声闻乘’。若有众生为求鹿车出于三界火宅,称为‘辟支佛乘’。若有众生为求牛车出于三界火宅,称为‘菩萨乘’以上‘声闻乘’‘辟支佛乘’和‘菩萨乘’,即是小、中、大‘三乘’,羊、鹿、牛三车。”该铜牛及铜车表示大乘佛教要运载六道众生,出离三界火宅之意。

栖贤寺的天王殿内有八角十三层木塔一座,高约 9 米,结构精巧,尤其是斗横,雕工极佳,是五台山唯一的一座木塔。后殿有一面大鼓,鼓面直径 4.5 尺,厚 5 尺,是五台山最大的牛皮大鼓。

(四)罗睺寺和莲花现佛

罗睺寺与显通寺、殊像寺、塔院寺、菩萨顶并称为五台山五大禅处。1983 年被国务院确定为汉族地区佛教全国重点寺院。

罗睺寺位于五台山塔院寺东侧,是五台山保存较完整的巨刹之一,占地面积 15000 多平方米。全寺有山门、钟鼓楼、天王殿、文殊殿、大雄宝殿、配殿、后殿、藏经阁以及厢房、廊屋、客楼等建筑,殿堂楼房共计有 110 余间。各殿的塑像等齐备无损,寺宇齐整无缺。

五台山罗睺寺创建于唐代。由于文殊菩萨曾落脚、讲经说法,并有神灯出现。故寺院落成后,以“落佛寺”为名。

明成化年间,落佛寺重建,弘治五年(1492 年)重修,明万历年间,李娘娘用巨款重建此寺,以还旧愿。相传,明朝时,老主驾崩,少主年幼,娘娘李彦妃把江山让与皇亲李良。杨波、徐彦昭舍死上殿,苦口相劝,李彦妃对这良言忠告,置之不理。皇亲李良接了江山,野心勃勃,立即封锁昭阳院,使内外隔绝,将李彦妃和少主打入冷宫,断其水火,欲绝明裔。这时的李彦妃才开始醒悟其奸,独居悔叹,忧虑万分。因而在佛前许下重愿:如佛祖保佑少主将来登基坐殿,愿

重建落佛寺。后来，少主在杨渡、徐彦昭等人的帮助下当了皇帝，李娘娘用巨款重建此寺，以还旧愿。

清顺治、康熙时，落佛寺改为黄庙（喇嘛庙），寺名也改为“罗睺寺”。“罗睺寺”名字的由来与释迦牟尼父子的传说有着密不可分的关系。据佛教经典记载，释迦牟尼佛出家前娶妻生子，儿子取名罗睺罗。罗睺罗 15 岁随父出家，成为释迦牟尼的十大弟子之一。罗睺是罗睺罗的简称，罗睺寺的命名由此而来，意为佛普度众生的地方。还有一传说，说是农历六月十四为文殊诞辰，释迦牟尼之子罗睺为其祝寿，以跳神相娱，故寺名为“罗睺寺”。

罗睺寺院落布局呈长方形。入寺需先走一段红墙夹道的弯曲石路，才可到山门前。弯路顶端有一棵古松，如伞如盖，遮罩四下，游人走在道上，有一种森严幽古的感觉。山门的两旁立有一对雄大威武的石狮，是唐代遗物。在五台山中心区，唐代的石雕卧狮，仅此一处。石狮雄踞山门两侧，给寺院平添了庄重的气氛。山门左侧建有一座丈余高的藏式砖塔，塔上雕有文殊菩萨像，故称文殊塔，又叫松塔，是罗睺寺著名景物之一。

罗睺寺第一座大殿是天王殿，内供四大天王。因罗睺寺供奉的是黄教，喇嘛庙的风格很明显。四大天王的塑像是按喇嘛教《度量经》的规定塑造的。这些天王的塑像，高大魁梧、怒目而视，坐在高台上，脚压着各种妖怪，那妖怪还不如天王的一只脚大。这种塑雕同其他青庙大殿里的四大天王的样子略有不同。

第二座大殿是文殊殿。殿内供奉的文殊菩萨骑狮像，也和青庙文殊殿有明显不同。文殊菩萨像的面部呈乳白色，而不是黄色。像两肩有肩花，左右肩花上分别放着经书和智慧剑。这是一般文殊像中没有的。另外，文殊骑的青狮卧在莲花上。而一般佛寺中，文殊骑的青狮立或卧在砖台上。这都体现了喇嘛教中文殊像的塑造格式。第三座是大佛殿，内供释迦牟尼佛。释迦牟尼佛的左右两侧分别立有阿弥陀佛、药师佛。三世佛前，立有服侍菩萨和八大供养菩萨。他们的颜面、形态、着装及法器也是按喇嘛教《度量经》的规定做的，充分体现了喇嘛教及其寺庙的特点。

罗睺寺内还供有头戴尖顶帽的西藏黄教祖师宗喀巴。宗喀巴生于1357年，圆寂于1419年。史载，宗喀巴老年著书立说，明永乐帝派人到西藏请他去北京，他没去，派弟子释迦智到京城朝见永乐皇帝，释迦智被封为大慈法王。后释迦智到五台山朝拜文殊菩萨圣迹，在五台山住了一段时间。当地汉僧对他厚礼相待，与他交流切磋汉、藏佛学，从此便有喇嘛教徒屡屡朝拜五台山。到清朝顺治年间，五台山有十处青庙改为黄庙，殿堂内的塑像和陈设均按藏族风格重新更置，并开始兴建喇嘛教殿堂。喇嘛教从此在五台山兴盛起来。五台山佛教圣地青黄庙并存、汉藏僧人兼有的情况便由此而来。

罗睺寺除以松塔和制作特别的文殊菩萨像著称以外，最吸引人的要算是“莲花现佛”的景观了。“莲花现佛”是一座有绞丝齿轮转木盘的佛像装置，1984年底修复。外形为红色八瓣木制莲花，内雕方形佛龛，四面各有一佛端坐其中。正面、东面、西面及背面分别为释迦牟尼佛、药师佛、阿弥陀佛、弥勒佛。莲花的花瓣与花柄连接处，安有活动机关。花柄是一根很粗的主轴，下连一个木制大圆盘，圆盘上塑有十八罗汉和二十四天神。神台下是地下室，安有转轮设备，平时莲花呈闭合状态。当佛教徒拜佛时，喇嘛们在地下室推转绞盘，神台便转动起来，十八罗汉、二十四天神顺时针转动，八片莲花瓣徐徐张开，露出佛容，这种景象便是“莲花现佛”。转动得快，花瓣就张开得大，佛像就露相全。停止转动，花瓣徐徐闭合，佛像即隐没。整个“莲花现佛”过程中，幔帘密悬、香烟缭绕，诵经声、钟磬声不绝于耳，一派佛国氛围。莲花被称为佛教之花，它出淤泥而不染，鲜红洁净，傲然独立，被象征为脱离尘俗、往生净土的神化境界。“莲花现佛”体现了这一意境和情趣，所谓佛即莲、莲即佛，因此被佛教徒所崇敬。拜佛上香的善男信女们，特别是少数民族的佛教徒都把此见认为是终身大幸。

（五）五郎庙与五郎铁根

宋朝的杨家父子在我国是家喻户晓的。杨五郎为宋朝开国名将杨业之子。而五台山的五郎庙正是杨五郎后半生出家所在地。至于作为忠良虎将的杨家将的一分子的杨五郎为何会出

家至此？民间故事是这样流传的：当年宋太宗由杨家父子保驾游五台，宋太宗到太平兴国寺礼佛，由于行宫距太平兴国寺很近，所以杨五郎便成了太平兴国寺的常客，杨五郎因此结识了太平兴国寺（五郎庙的前身）的方丈睿见。在几次接触中，杨五郎很赏识睿见的渊博才学，睿见也很敬佩杨家父子，因此二人相见恨晚，无话不谈，来往密切。在每次接触中，睿见总是有意无意地灌输一些有关佛教的思想和戒规，例如普度众生，不伤生灵，正身修心等等，并旁敲侧击地劝他弃甲归佛。关于出家当和尚，在没来五台山之前，杨五郎连想都没有想过。虽然有近朱者赤、近墨者黑之说，但他没有足够的勇气。睿见看出杨五郎已接近佛门，只要他在战场上挫败失利或精神上受到刺激，就一定会走当和尚这条路。在临别时，杨五郎前来辞行，睿见送他一个包裹，并叮咛说："这个包裹平时不要打开，当你在战场上受挫或精神上受到刺激时，再打开这个包裹，它会帮助你摆脱困境。"

看过《杨家将》的人应该都还记得，出山西省大同市南下 50 公里，便是闻名的古战场金沙滩。在这里远眺，只见巍峨险峻的两狼山屹立于西北，蜿蜒起伏的黄花梁横卧于东南，方圆 40 里的金沙滩，相传是辽宋鏖战的沙场。北宋名将杨业父子，为了抗击北方辽邦入侵，凭借雁门关，两狼山的天险，曾经屯粮聚兵古金沙滩上。后来，由于潘仁美的有意陷害，杨家将大败，七郎八虎死了四个，被俘两个。杨五郎突围到一片树林里，前逃无路，后有追兵，在这千钧一发之际，想起睿见送给他的那个包裹，急忙打开一看，原来是一顶和尚帽和一件黑色袈裟。杨五郎愤恨奸臣当道，忠良惨遭迫害，便决定弃甲出家。于是他当机立断，头戴和尚帽，身穿黑袈裟，由树林里大摇大摆地走出来。辽兵见他是个和尚没有理睬他，这样杨五郎才免于被俘。

杨五郎来到太平兴国寺后，人们把寺庙所在山谷叫做五郎谷，把这座寺院叫做杨五郎庙，俗称五郎庙，很少有人再称其为太平兴国寺。杨五郎是武将出身，每天不习武，就觉得浑身难受。但他已是出家人，刀、枪、剑、戟是属于兵器不便使用，于是他就用上了 81 斤重的铁棍，当做习武之器。他每天晨起练武，风雨无阻，因此招来不少看热闹的人。其中有和尚，也有找五郎投师学艺的。碧山寺（距五郎庙很近）的老方丈认为让僧人学点武艺，也不无好处，这里（指碧山寺）的和尚都是游方僧人，不说抵御坏人，就是防范虎豺也是用得着的。这样，在老方丈的支持下，练武的人越来越多，杨五郎又把这些人组织起来，演习一些阵法，便逐渐形成了一支僧兵。庙外有块平地，就成了五郎检阅僧兵的地方。

这一天，又是全体僧兵演习的日子，有不少乡民前来观看。有人提议，请五郎师父练上一阵，让大家开开眼。众人听了，纷纷叫好。五郎推不开众人情面，就唤道："徒弟们，抬家伙来!"两名刚收下的徒弟想在师父面前表现得勤快些，抢先直奔在阅兵台前的铁棍，两人使出浑身力气，又是摇又是晃，铁棍却纹丝不动。五郎看了，不由得哈哈大笑。他拨开两个徒弟，只用一手把铁棍攥定，喝一声"起!"那铁棍便拔土而出。只见入土部分，竟有三尺多长，惊得两位弟子目瞪口呆。

杨五郎的这根铁棍，长八尺，粗一寸半，棍的一头镌有小字"共重八十一斤谢荣榄段思礼造"。铁色斑斓，棍的另一头有一尺多长的裂缝现已焊接完整。这根五郎棍是五台山的珍贵文物，也是五台山十景之一。现存放在显通寺后殿文物陈列室。

杨家将确实是存在于历史之上的，虽然经后人的艺术加工与创作，写出了许多版本的文学小说作品，虚构了某些人物，但也都是为了突出杨家将忠贞报国的英勇形象。而五台山鉴证了这段历史的荣辱兴衰、壮志难酬、忠良奸臣等一切世间百态，善恶美丑，堪称是一部历史的活字典。

（六）遗世独立的大白塔

结缘五台山，往往从大白塔开始。作为佛国圣地的形象大使，清凉胜境的独特名片，其浑身散发的异国情调，朴拙丰润的优美线条，素心慧质的傲然风骨以及内心隐藏的种种秘密，吸引了无数充满向往与景仰的游人与信徒。巍峨壮观的大白塔静若处子，玉树临风，历经沧桑，见树抱朴。在中国喇嘛式砖塔中，塔院寺大白塔被公认为是明代传神之代表作，被誉为"清凉第一圣境"，为我国现存元代覆钵式塔最高建筑。

人们进入台怀镇，首先映入眼帘的就是高大的塔院寺大白塔，非常引人注目，常被人们看作是五台山的标志。青山翠谷、蓝天白云之下，层叠错落的伽蓝梵宇之中，大白塔卓尔不群的形象已成为一个符号、一种象征。如果说，雄踞北台的叶斗峰，号称华北屋脊，是自然地理上的制高点，那么，处于佛手掌心内的大白塔，则是人文生态的制高点。其薪火相传的佛家精神内核(舍利)，高贵魂灵衍生的普世价值观念，在岁月的打磨中，愈加历久弥香。

五台山大白塔，全称释迦文佛真身舍利宝塔，略称释迦牟尼舍利塔。砖石结构、线条流畅、通身洁白，弥漫着尼泊尔式风情，是一座喇嘛式塔。专家考证为明代建筑，虽数度修葺，风骨未衰，体例依然。1981 年的一次实测表明，通高 75.3 米，塔高 56.3 米，比北京北海的白塔还要高 20 米，比代县阿育王塔高 16.4 米,在砖石结构塔中可谓遗世独立，一塔擎天。

拙智的大白塔看上去像一个放大了的葫芦瓢，更像一个保龄瓶，建在方形台基之上，台基高 1.5 米，边长 31.5 米，周长 126 米。塔座底平面八角，高 3.5 米，外围单檐挑角回廊 33 间，象征 33 天。廊内装有绿色铁皮制作的法轮 120 个。法轮为圆桶形，转动自如，是诵经用的，故又名转经筒。法轮上书“嗡、嘛、呢、叭、咪、吽”六个梵文字，也叫六字真言、六字大明咒，它是藏传佛教中最尊崇的一句咒语，密宗认为这是秘密莲花部的根本真言，也即莲花部观世音的真实言教，故称六字真言。佛家说：若将六字大明咒着于身、触于手、藏于家或书于门，能逢凶化吉、遇难呈祥。所以在大白塔观光的游客主要内容之一，就是手转一圈法轮。南面（俗称正面）正对“大慈延寿宝殿”的后墙，有三个很浅的石洞，中间石洞上刻着释迦牟尼的足迹图。脚印“长一尺六寸，广六寸，足心有千轮相和宝瓶鱼剑图。足趾上各刻‘卍’字”。据碑文解释，释迦去世前将脚形印在石上，对弟子阿难说：“我最后留此足迹以示众生，谁见足迹，瞻礼供奉，就能免罪消灾。”唐僧玄奘到西域取经，同时把佛足迹拓印，带了回来。唐太宗敕文刻石上供奉于宗庙。到了明代，塔院寺修建大白塔，有云游僧人前来献佛足图，刻碑于此。北面（俗称后面）正对大藏经阁，也有一石洞，洞内供奉护法神韦驮。大白塔的下层俗称塔殿，内有文殊、观世音、普贤、地藏四菩萨和一尊释迦佛像，还有瓷质济公和尚和木雕刘海戏金蟾。其中的济公和尚和刘海戏金蟾，色调鲜艳，手工细腻，小巧玲珑，是精细的工艺美术珍品。以大白塔命名的塔院寺，坐北朝南，方正端庄，建筑格局可谓独具匠心，均匀对称。木牌楼和山门以为前哨，廓屋禅院雄起两翼，中轴线上天王殿、大慈延寿宝殿、大白塔和大藏经阁前后呼应，突出了主题建筑的高大巍峨。

白塔是否是传说中印度阿育王所建 84000 座佛舍利塔位于中国的十九座之一，还待考察，但大白塔存在一个塔中塔，却是不争的事实。它不但记录了藏传佛教入土五台的历史，还牵出一个尼泊尔设计师的故事。

大白塔的初始设计者是尼泊尔人阿尼哥，亦作阿尔尼格尼，有趣的是他还有个中国名字叫西轩。中统元年，学有所成的阿尼哥和 80 多位工匠雄心勃勃到吐蕃(西藏)建筑黄金塔，其专业精神和天才创造力得到淋漓尽致的发挥。因而，受到帝师八思巴器重，后又将其收为弟子，引荐给忽必烈。至元二年，阿尼哥修复宣抚王楫宋时所进之像，关鬲脉络皆备，金工叹其天巧，莫不愧服。元贞元年，成宗皇帝遵照元世祖遗嘱，为皇太后敕建五台山大万圣佑国寺，气象出众，气势夺人，功成后，皇后赏赐白金万两。阿尼哥背负盛名，一鼓作气，设计建造了五台山释迦牟尼舍利宝塔。这位建筑学家在异国他乡实现了自己的梦想，世人称之为“阿尼哥范式”。

大白塔在明朝曾三次修建。永乐四年，明成祖遣迎西域高僧葛哩嘛入京，被敕封为大宝法王大善自在佛，高僧性爱林泉，请求到深林幽谷、万圣所栖的五台山，明成祖将他送到大显通寺安置，并对佛舍利塔进行了重建。当时共动用包括内监杨升、杨忠在内的藩省官员、匠役人夫共两万余人。使用了砖百万、基石千块，灰数千石。大白塔形成了高 66 米，阔 40 米，圆腹方基的样子，在五台山人工建筑中可谓首屈一指。明嘉靖十七年，大白塔遭遇伤病，因山高风猛、寒极雨频、腹基剥落，瓶盘废坠，觉义大师于心不忍，与山上 60 多位高僧集资修缮，除添新砖三万，用灰三千石外，还使用晋矾千余斤，用小黄米三十石煮汁和灰。宝瓶由会首圆金助铜新铸，直隶(今河北省)安平县匠人李端章率百余

人维修，首次引进了当时较为先进的建筑工艺和建筑材料。明代的第三次维修，发生在明万历七年至十四年，慈圣宣文明肃皇太后李娘娘为神宗皇帝母亲，因母为子贵，她为国祈福，自掏腰包，遣太监范江、李友在五台山重修大白塔，并建起了山门、天王殿、大慈延寿宝殿、大藏经阁、钟鼓楼、祖师殿、伽蓝殿、十方院、延寿堂、诸围廓、斋舍等，用了将近七年时间，俟告完成。其规模宏大，建制完整，为塔院寺奠定了基础。这次重修之塔"基至黄泉，高二十一丈，围二十五丈，状如藻瓶，上十三层。宝瓶高一丈六尺，镀金为饰。覆盘围七丈一尺，币以垂带，悬以金铃"。此外，还打造了金银宝玉等佛像及其他宝物安置其中。皇帝宰相、士庶沙门因景仰善举，心向佛门，纷纷造像捐经，不计其数。如著名的憨山大师刺血泥金《大方广佛华严经》、血书《华严经》也深藏于大白塔腹中。中极殿大学士张居正奉命撰写碑文，他写道："惟我圣母，天笃慈仁。总持阴教，覆育蒸民。庄严宝刹，於兹灵壤。龙象巍巍，人天共仰。既佑父母，亦佑我皇。定命孔固，浸隆浸昌"。

这座大白塔是我国建筑史上的一项巨大成就。在当时科学不发达的情况下，能进行 60 米高的空中作业，是很不简单的。整座塔粗细相间，方形与圆形互相搭配，造型优美，比例适中，巍峨壮丽。由于特殊的地理位置，五台山大白塔备受推崇，可谓玄机重重，塔中有塔、塔上建塔。传说中的佛舍利宝塔被安置在唐长安二年妙胜尼造的二层八角佛舍利塔中。元大德五年，阿尼哥另设计建造的大白塔，又将唐造的佛舍利塔藏在腹内。塔生腹中，似为造化，陈陈相因，蕴藉深厚。之后，明代的几次大规模修葺都是在原塔上进行的。由此可见，大白塔凝聚了历代信徒匠人的心血，联结着异域的血脉，映照着皇族的气象，在民族统一的进程中，宗教兴荣的过程中，是写实了的见证，是佛家三宝的一统。

在此，我们不得不佩服中国古人的聪明与智慧，在有限的科技水平和经济条件下，他们用卓越的创造力和才华建成了这座千古名迹。他们的智慧与勤劳成就了四大文明古国之一的中国，积淀了中国五千年的神奇、深厚的文化和历史。

三、传承千年的佛教圣地

（一）圣地传说之清凉石与朝龙洞

传说在很久很久以前，五台山并不是现在这般模样，也不叫“五台山”，而是叫做“五峰山”。气候环境非常恶劣，冬天滴水成冰，春天飞沙走石，夏天酷热难当，农民们根本无法种庄稼。

在此传教的文殊菩萨，决心要改变这里的气候，他化身成一个化缘的和尚到龙王那里去借歇龙石。文殊菩萨来到东海，见龙宫外面果然有一块大石。尚未到跟前，已然感到一股凉气袭来。文殊菩萨被巡海的夜叉引进龙宫见龙王并说明来意。龙王很抱歉地说：“大法师借什么都行，唯独这块歇龙石不能借。因为他是花了几百年工夫从海底打捞上来的，清凉异常，青龙每天工作回来，汗水淋漓，燥热难耐，便在上面歇息养神。你若借去，青龙就没歇息的地方了。”文殊菩萨无奈，这才说明了自己是五峰山的老和尚前来化缘，为了造福人间才来求援。龙王估计歇龙石重达万斤，一个老和尚无论如何也是无法运走的，这才放心地答应了他。文殊菩萨谢过龙王，来到歇龙石跟前，口念咒语，立即将巨石变成了弹丸。将弹丸塞进袖筒，便向龙王告别，飘然而去了。

文殊菩萨回到五峰山时，正值烈日当空，久旱不雨，寸草难生的酷夏。当文殊菩萨把歇龙石安放在台南边瓦厂村东北的一处山谷之后，五峰山立刻变成一个清凉无比的地方。于是，这个山谷被命名为“清凉谷”，在此又建了一座寺院，取名叫清凉寺，五峰山因此又叫做清凉山。

就在文殊菩萨取走歇龙石的当天，外出的小龙王们回来时，发现歇龙石不在了，怒气冲天，便追到五峰山，四处寻找。气急败坏的小龙王，用龙尾把五个山峰扫成了平台，用利爪把岩石刨得乱七八糟，至今这些石块还遍布全山，人称“龙翻石”。当然文殊菩萨自有对付他们的办法，文殊菩萨告诉他们歇龙石在秘魔岩的两座巨大的山岩之中。待众龙刚钻进岩窟之中，文殊菩萨一声咒语，两岩合并，仅留得内宽外窄的一道照明裂缝。文殊菩萨命众龙在此好好修行，并说要派弟子来朝拜和供养它们，因此这个秘魔岩窟又叫“朝龙洞”。传说朝拜者各见境界不一，只有良善之人可以见到佛和菩萨，邪恶之人是无法见到欢乐境界的。真可谓万人万境。而且有“朝五台山，若不朝拜朝龙洞只算朝拜了半个五台山”的说法。

这个传说已经流传了千百年。如今清凉寺虽已破落，但那块清凉石却依然还在。石长 5 米，宽两米半，厚 2 米，周围 15 米，石面呈青色，上有云纹，人坐其上，顿生凉意。

（二）恢弘的寺庙群——五百里佛国道场

五台山寺庙群在日本、泰国、香港、台湾和东南亚等国家及地区享有极高声誉，成为山西宗教旅游的亮点。五台山境内梵宇林立，文物遍布，置身其中，松亭亭，泉淙淙，云山雾海沉浮中，楼阁姿容秀，古刹晨昏天香飘，佛寺早晚金钟鸣，三步一趣典，五步一掌故，到处有景致，到处又隐伏着神奇的秘密。在五台山游玩后，就可以体会到世人所赞说的：“五台归来不看庙”的乐趣。

五台山是中国四大佛教名山之一，文殊菩萨的道场。相传，在佛教传入中国的东汉时期，有人就在五台山兴建佛寺。东汉永平十年(68 年)，印度僧人摩腾和竺法兰在汉明帝的支持下在五台山大兴土木修建佛寺，五台山成为当时中国的佛教中心。到唐代，历史上的鼎盛时期，五台山佛家寺院曾经多达 360 多处，佛名远扬海内外。印度、日本等国也不断有高僧来此修行。因而五台山也是四大佛教名山之首，香火最旺，寺庙最集中的一座名山。经过连年战乱以及政治的迫害很多寺庙都已经损毁，所以我们现在在山上所看到的寺庙全部都是五台山的精华，很多都跟政治和历史相关联。目前，我们统计到的五台山寺院林林总总仍有 47 座，据说，现在五台山的僧人也有三千之众。尽管与历史上不能相比，但在四大佛教名山中仍然是寺庙最为集中、香火最为旺盛的。五台山的佛寺，迄今仍保存着北魏、唐、宋、元、明、清等 7 个朝代以及民国时期的寺庙建筑，荟萃了 7 个朝代的彩塑、五个朝代的壁画，以及堪称典范的古建艺术。建筑宏伟，式样繁多，精细严整，手法典型，连续性强。五台山本身就是一部唐代以来中国的建筑史，是研究和欣赏中国古建筑的难得场所。其中佛光寺和南禅寺是中国现存最早的两座木结构建筑，南禅寺是世界上现存最古老的木结构建筑，被誉为“中华瑰宝”，佛光寺被世人誉为“东方古建明珠”“亚洲佛光”。显通寺(灵鹫寺)、塔院寺、菩萨顶、殊像寺、罗睺寺被列为“五台山五大禅处”。台怀镇是寺庙集中分布的地方，是五台山佛事活动和经济生活的中心。另外，寺内佛教造像手法多样，技艺高超，泥塑、木雕、铜铸、玉雕应有尽有，同样是欣赏我国佛教造像艺术发展演变的最佳场所。

1. 传说中的文殊道场

文殊菩萨，在佛教中是智慧的代表，是无上智慧的化身。文殊菩萨，身紫金色，形如童子，五髻冠其顶，左手持青莲，右手执宝剑，表示大智慧，身下坐骑为一青狮，年轻而威猛，是大智慧的化身。

五台山是佛教圣地，众多寺院的正殿均以供奉文殊菩萨为主，这是因为在《大方广华严经》中记载：“东北方有处清凉山，诸菩萨于中心住，现有菩萨，名文殊师利，与其眷属一万人，常在其演教说法。”五台山据此被定为文殊菩萨道场，文殊菩萨出生在公元前 6 世纪古印度，从母亲的右腋下降生，落地能语，犹如天上童子。自佛祖释迦牟尼出家修行以后，文殊就随世尊四处游化，弘扬佛法，在这 49 年中，凡有大乘法会必有参加，佛祖灭度后，与其弟子编写了大乘经典，奠定了大乘佛教的基础。因而，文殊菩萨在大乘佛教中位于诸菩萨之首。文殊菩萨是般若智慧的化身，三世诸佛之母，七佛之师，也是释迦牟尼的“九代祖师”。在佛教看来，佛是觉者和悟者，而文殊则是不可思议的微妙功德、最胜吉祥。二者珠联璧合，就意味着这里存在着一个已经顿悟了的妙不可言的精神世界。所以，文殊菩萨在大乘佛教中地位显赫，影响深远，那么作为文殊菩萨道场的五台山也自然名扬四海。这里流传着许多关于文殊菩萨的传说，其中关于塔院寺的传说是这样讲的：一位讨饭的妇人手里牵着一条狗，身后跟着两个孩子，走到塔院寺见到方

丈，请求布施，方丈给了妇人一碗斋饭，妇人接过饭碗道："我的一双儿女也饥饿难耐。"方丈让小和尚又盛出两碗，妇人又讲："人有了饭吃，我手中牵的狗好歹也是条性命，请赏给它一口剩饭吃吧。"方丈又给了狗多半碗。没料到，这时妇人抚摸着自己的肚子说："可怜我肚里还怀着未出生的娃娃，再给他一碗饭吧。"方丈再也按捺不住怒火，指着妇人斥道："你这世上贪得无厌的小人，竟在清净之地戏弄本僧，是何道理！"话音未落，只见妇人现身为文殊菩萨，身边的两个讨饭的孩子化为神童，手中牵着的狗抖一抖长毛，竟是文殊菩萨的坐骑——青狮。方丈恍然大悟，赶忙施礼。为了赔罪，塔院寺方丈在塔边建造寺院，这个故事流传至今。

随着历史的演进，五台山作为文殊菩萨道场的名气越传越远，地位越来越高，寺庙建筑越来越多，规模越来越大。

2. 恢弘的寺庙群之菩萨顶

菩萨顶是五台山中规模最大的黄教寺院，位于五台山台怀镇显通寺北侧灵鹫峰上。菩萨顶地处台怀极顶，拔地而起，雄伟壮观，声名远播，显赫于世。

据传菩萨顶为文殊菩萨道场，即文殊居住处，故又名真容院、大文殊寺；为五台山五大禅处之一。此寺创建于北魏孝文帝年间（471—499年），历代曾多次重修。明永乐以后，蒙藏喇嘛教徒进驻五台山，遂成为五台山黄庙之首。清朝康熙、乾隆帝曾数次朝拜五台山，住宿于菩萨顶，赐菩萨顶大喇嘛提督印，并命山西全省，包括山西巡抚、大同总兵、代州道台等，均须向大喇嘛进贡。

全寺占地45亩，顺山就势而筑殿宇，布局严谨。寺前有石阶108级。山门内有天王殿、钟鼓楼、大雄宝殿等建筑。各殿均用三彩琉璃瓦覆盖。寺内有康熙御碑，方座螭首，矗立在前院；乾隆御碑在东禅院碑亭内，以方形巨石雕成，高6公尺，每面宽1公尺，上刻汉、满、蒙、藏四种文字。

菩萨顶是满族语言的叫法，意思是文殊菩萨居住的地方。菩萨顶历史悠久，到了清朝，它实际上成了皇室的寺庙，地位极其尊贵。

据记载，菩萨顶始建于北魏孝文帝时期，初名大文殊院。据传，唐太宗贞观五年，僧人法云想塑一尊文殊菩萨像，塑工安生前来雕塑。一天夜里，文殊显圣，于长明灯下的蓝光中展示真容，故此寺改名真容院。北宋时重修，并铸铜质文殊像一万尊，供奉在寺内。南宋时改建，并将此寺易名为大文殊寺。明朝永乐初年，始有菩萨顶的称谓。万历九年（1581年），又对该寺进行了重修。到了清代，由于满族崇信喇嘛教，顺治十七年（1660年），遂将菩萨顶由青庙（和尚庙）改为黄庙（喇嘛庙），并从北京派去了住持喇嘛。清康熙年间，又敕令重修菩萨顶，并向该寺授"番汉提督印"。从此，按照清王朝的规定，菩萨顶的主要殿宇铺上了表示尊贵的黄色琉璃瓦，山门前的牌楼也修成了四柱七楼的形式。这在五台山是绝无仅有的，在全国范围内也不多见。自此以后，菩萨顶成了清朝皇室的庙宇。康熙皇帝先后到菩萨顶朝拜了五次，乾隆皇帝朝拜了6次。菩萨顶山门外水牌楼上的"灵峰胜境"，文殊殿前石碑坊上的"五台圣境"，是康熙皇帝亲笔题写的。清康熙御制菩萨顶大文殊院碑记称："五台并高数十里，如覆盂，如县栈阁，如鹘摩天，如鳌脊出海。飞鄂穹岫，缥渺超忽枣台怀居五台之中，左襟右带，前俯后仰，若在怀抱。其地阳陆平林，旧多梵刹。有菩萨顶文殊院者，相传文殊示现于此，其殿庑庄严弘邃，殆福地之精蓝，神垌之奥迹也。"菩萨顶东禅院内两座高3米、宽1米的四楞碑上，用汉、满、蒙、藏四种文字刻写的碑文，则是乾隆皇帝的御笔，描写他上五台山的感受。书法圆润流畅，结构丰满雄健，是很宝贵的艺术品。

菩萨顶的建筑布局很有特色，且主要殿宇外观似皇宫，而内部布置却又具有浓烈的喇嘛教韵味。因为菩萨顶在灵鹫峰上，从峰下仰望，菩萨顶前108级陡峭的石阶，如悬挂在空中的天梯，上面是梵宫佛国，琼楼玉宇。爬完石阶，平台之上立着一座四柱三门的木牌楼。牌楼正中嵌有康熙手书"灵峰圣境"。牌楼两旁竖着两根高高的旗杆。牌楼之后是山门。山门两边厢房的红墙上，分别开着圆形窗户。有人说这种布局恰似龙头：牌楼的正门是龙口，旗杆是龙角，厢房壁上的圆窗是龙眼，而那长长的108级石阶，则是龙吐出的舌头。这几句话，形象地概括了菩萨顶山门前的布局特点。又因山门前的大石阶，中间不是一级一级的，而是斜升的大平面，雕有九龙吸水。九龙翻腾，互相缠绕，真可谓"活龙活现"。人们附会道：这是象征山西旧属的九

府，九龙吸水下面的108级台阶，暗指山西旧属的108县。可见，菩萨顶寺庙建筑中富丽的皇宫气派和象征权力统括山西的说法，与清代特殊的历史背景有关。

按照佛家的说法，沿108级石阶登高，就把人间的108种烦恼踩在脚下了。置身牌楼下，手抚门柱，回身四望，远处的山，山上的云，近处的清水河，雄壮多姿的寺庙建筑群，都收入眼中，深感“灵峰胜境”四个字点得妙。这里，是很好的登高览胜的观景点。

菩萨顶现在占地面积9160平方米，有殿堂僧舍等大小房屋一百余间，布局结构紧凑而有变化，且均为清朝康熙年间的建筑。全寺建筑大体上可以分为前院、中院、后院三个部分。中轴线上的主要建筑有山门、天王殿、大雄宝殿、文殊殿等。两旁对称地排列着钟楼、鼓楼、禅院等。主殿居中，高大雄伟；配殿位居两侧，左右对称。全寺建筑的布局不但中心突出，而且壮观恢弘，加之红柱红墙，金色琉璃瓦，更显得金碧辉煌，富贵豪华。其形态和气魄，一点也不逊于皇家宫室，真是一派佛国仙境的景象。

菩萨顶各主要大殿的布置和雕塑，具有浓烈的喇嘛教色彩。面阔七间的大雄宝殿内，后部供着毗卢佛、阿弥陀佛和药师佛，前面则供着喇嘛教黄教创始人宗喀巴像。文殊殿内的文殊像，与一般佛教寺庙（青庙）内的文殊菩萨像不同，它是按喇嘛教的经典规定制作的：头取旁观势，腰取扭动势，发取散披式，同时身挂璎珞，显得特别活泼、生动。两侧墙壁上，还挂着唐卡——绘在布上的藏画。另外，大雄宝殿、文殊殿的柱头上，还挂着桃形小匾，上写梵文咒语。这些都是喇嘛教寺庙建筑装饰中所独有的。

值得一提的是，文殊殿还有滴水大殿之称。过去，文殊殿有一块檐瓦，无论春夏秋，也无论阴晴雨，总是往下滴水。时间长了，文殊殿前的一处阶石上面成了蜂窝状。有人说，这是文殊菩萨灵验，广施雨露的缘故。实际上，这是建筑上的一种巧妙设计。过去，文殊殿的琉璃瓦上留有小孔，瓦下有储水层，储水层下又有防漏设施。每当雨天，雨水透过琉璃瓦孔而存于储水层内。在阴天或晴天时，储水层中的水便慢慢地从檐瓦滴下。以后，由于文殊殿在翻修施工时，不知保护殿顶存水的奥秘，如今已不再滴水了，实在可惜。

在悬嵌“灵峰胜境”匾额的木牌楼两侧，蹲卧着一对石狮子，只要留神细看，就会发现，其中一只石狮子竟没有舌头。这是少有的石雕作品。原来这里面还有一段有趣的传说。很久以前，菩萨顶的和尚都在下面的显通寺里吃饭。可是有那么几天，人没有增多，米也没少下，而饭却不够吃了。当家的和尚就责问做饭的和尚，做饭的回禀说：“前几日我也很纳闷。昨天早上，我做好饭，有事出去了一下，返回来，见有两头又凶又大的野兽，扒掉锅盖，一口就吃了多半锅。”当家和尚惊诧道：“会有这等事?”第二天清早，做饭的和尚把饭做好后，那个当家和尚就手握铁铲，藏在锅台下，不一会儿，只听得伙房门“哗”地一声碰开，果然有两只野兽一前一后闯了进来。走在前面的那只野兽前爪搭上锅台，扒掉锅盖，就伸下头去吃粥。就在这时，藏在锅台下的当家和尚猛一下站起来，挥动铁铲，照着那只野兽的嘴铲了过去。仅一铲，就把那只野兽的舌头铲了下来，那野兽“嗷”地一声惨叫，转身就跑，另一只也慌忙脱逃。饭后，当家的和尚上菩萨顶观看修建工程怎样，发现最近几天才雕成安置的一对石狮子里，其中一只的舌头没有了。啊，原来是这两只石狮子作怪。接着，当家和尚又吩咐工匠们在菩萨顶台阶下修一座大照壁，堵住了石狮子看显通寺伙房的视线。眼不见，嘴不馋，从此，这两座石狮子便老老实实地蹲在那里一动不动，显通寺伙房里再没出现野兽偷吃饭的现象。

在菩萨顶前院的西配殿里，还有一尊泥塑文殊菩萨像，也是饶有风趣的佛教文物。过去，这尊文殊菩萨像的右肩上还带着一支箭，据说是乾隆皇帝射的。如今肩上的箭没有了，但乾隆皇帝给它的封号“带箭文殊”依然流传至今。

从清代喇嘛教传入五台山开始，每年农历六月初四至六月十五，都要做道场、办法会，菩萨顶当然是中心，其他青庙也大开庙门，迎接各地的香客游人。六月十四日，全山的喇嘛们头戴各种脸谱面具，身着各种服饰，念着护法经，跳着金刚舞，在菩萨顶“镇魔”；十五日，又在罗睺寺“跳神”，并出来绕街转道。前头驾着弥勒菩萨像，接着大喇嘛坐八抬大轿，二喇嘛骑高头大马，其余僧众，敲锣开道，击鼓鸣号，吹奏庙堂音乐，热闹异常。当地群众和外地游人如潮水般涌着，争相观看。这个古庙会，后世在内容形式上虽有所改变，但一直流传到现在。据说，五台

山的六月古庙会是由西藏传来的。唐时，西藏出了一个叫郎达尔玛的藏王。他鉴于前代藏王极端崇信佛教，一切朝政都请高僧决断，所有行政制度都以经律为准，引起臣民不满的教训，于唐武宗会昌元年（841 年），实行灭法政策，致使藏地寺院关闭，僧人外逃。于是，在藏喇嘛中便流传着这样一个故事：郎达尔玛藏王灭法，持戒喇嘛仅留下四人，他们商定了一个举办舞会让藏王出来观看，乘机杀死他的办法。六月十五日，由剩下的四个受比丘戒的喇嘛带领，和没受戒的众喇嘛一起，头戴各种面具，在却玛赞楼台下跳舞，藏王在楼上观看。大喇嘛拉龙巴拉丹计预先在袍袖里藏了弓箭，把骑的白马染成黑色。舞蹈进入高潮，藏王看得出神，突然一箭飞来，射中了他的喉头。大喇嘛急忙上马而逃。黑马横渡过雅鲁藏布江，经江水一洗，又变成了白色。藏王手下的人不见了大黑马，也就不再追赶。拉龙巴拉丹计喇嘛安然逃往外地，在一个山洞里坐化。受戒喇嘛够五人才能传戒，现在剩下三个了，就请了两名汉人和尚，又组成五众僧团往下传戒。为纪念这两名汉僧，喇嘛们原来用黄线缝制法衣，从此改用蓝线缝制。为了纪念拉龙巴拉丹计挺身护法，凡喇嘛庙都在每年六月初四至六月十五举办盛大的法令。这个传说，反映了汉藏僧人友好往来的悠久历史。

（三）圣地佛教发展历程

五台山地处长城脚下，位于历史上农耕民族与游牧民族的交界地带，历来很受重视。传说五台最早是道家的名山，《道经》里称五台山为“紫府山”，曾建有紫府庙。《清凉山志》称佛教的文殊菩萨初来中国时，居于石盆洞中。而石盆在道家的玄真观内，这说明当时五台山为道家所踞。从佛教经典来看，除新译《华严经》说文殊菩萨住处“名清凉山”外，《佛说文殊师利宝藏陀罗尼经》也云：“佛告金刚密迹王言：我灭度后，于此南赡部州东北方，有国名大震那，其中有山名五顶，文殊童子游行居住，为诸众生于中说法。”

佛教是在汉朝时传入中国的。五台山佛教也由于历代帝王、伟人的崇佛而得以不断发展、壮大。关于五台山佛教的兴起，有“西汉说”“东汉说”和“北魏说”三种说法，其中最为流传的就是东汉说。相传东汉明帝刘庄夜梦金人端坐祥云，从西天飘然而来，知是有佛感应，随即派大臣蔡愔、秦景等人向西寻访，拜求佛法。蔡、秦等人在大月氏得到佛经佛像，并巧遇正在当地传教的天竺国（今印度）高僧摄摩腾和竺法兰，即相邀同至中国。汉朝永平十年（67年），梵僧汉使以白马驮载经卷和佛像到了洛阳。汉明帝一见释迦牟尼佛像，果然和梦中所见一样，越加崇信佛教，并建造了白马寺。汉代永平十一年，摄摩腾和竺法兰从洛阳来到了五台山（当时叫清凉山），由于山里很早就有阿育王的舍利塔，再加上五台山又是文殊菩萨演教和居住的地方。《清凉山志》载：“在大塔左侧，有释迦牟尼佛所遗足迹，其长一尺六寸，广六寸，千幅轮相，十指皆现”。相传他二人不仅发现此足迹，而且还发现有“舍利”，再加上营坊村这座山的山势奇伟，气象不凡，和印度的灵鹫山（释迦牟尼佛修行处）相似。由于种种原因，故决定在此建寺。寺院落成后，寺以山名——灵鹫寺。汉明帝刘庄为了表示信佛，乃加“大孚”（即弘信的意思）两字，因而寺院落成后的全名叫做大孚灵鹫寺。大孚灵鹫寺是现今显通寺的前身。从那时起，五台山开始成为中国佛教中心，五台山的大孚灵鹫寺与洛阳的白马寺同为中国最早的寺院。自此五台山成为佛教的名山，更是佛教四大名山之首。

鲜卑族拓跋部入主中原后实行改革，推行汉化，到孝文帝时甚至改复姓为单姓，自己带头和汉族大族联姻。在兴建云冈石窟的同时，据传孝文帝曾亲幸五台山，下令再建大孚灵鹫寺，并环绕灵鹫寺建起了 12 座寺院。第一次把五台山寺庙建筑推向规模化。北魏时期，佛教发展速度惊人，全国僧尼人数曾高达两百万之巨，占全国人口的 1/16。不过这个数字也许并不确切，其中不少可能是依附寺院的农民。

隋唐是五台山佛教发展的鼎盛期。隋文帝则因为他在般若寺长大，做了皇帝之后，也大兴佛寺。还在五台山的五个台顶各建了一座寺院来供奉文殊菩萨的五个化身——东台聪明文殊、西台狮子吼文殊、北台污垢文殊、南台智慧文殊、中台孺童文殊。这样五台山就更具文殊道场的特色了。

李渊在晋阳（今太原）起兵，随即攻占长安，建

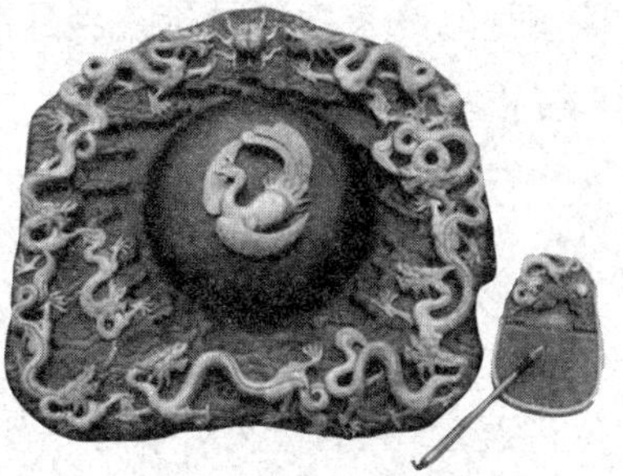

立唐朝。所以视五台山为“祖宗植德之所”。李渊在起兵反隋时，就对佛教许下大愿，说当了皇帝，一定大弘三宝。武德二年（619年），李渊便在京师集聚高僧，立十大德，管理僧尼事务。唐太宗即位后，重兴译经事业，使波罗颇迦罗蜜多罗主持，又度僧3000人，并在旧战场各地建造寺院。在唐代，佛教备受推崇，文殊菩萨尤其为佛教徒所尊崇。国家规定，全国所有寺院的斋堂，都必须供奉文殊菩萨像。由于朝野都尊奉文殊菩萨，视五台山为佛教圣地，所以五台山空前隆盛，名僧辈出。贞观九年（635年），下诏曰：“五台山者，文殊必宅，万圣幽栖，境系太原，实我祖宗植德之所，切宜祗畏。”“是年，台山建十刹，度增数百。”武则天是山西文水人，据称是弥勒佛转世，她能成为中国的第一个女皇帝，当然归功于佛教，五台山因此再次得以大兴土木。在唐朝时，五台山寺院多达360余座。唐太宗和武则天等唐朝统治者对五台山的直接关注，使五台山寺庙的建设规模达到空前程度。

宋朝时期，宋太宗将文殊像放在“真容院”，并重修寺院10座。

元朝时期，统治者也是非常推崇佛教的，据说文殊曾化为战神帮助蒙古军队作战，因而作为文殊菩萨道场的五台山更是受蒙古朝廷的“恩准”，大兴土木。

明清以来，寺庙日益兴盛。明代帝王对五台山的重视，使五台山的佛教又有了更进一步的发展。明成祖还派人到西藏将黄教的宗喀巴大师的大弟子请到五台山弘扬佛法，这是黄教传到五台山的开始，也是五台山青黄教同居一山的历史缘由。随着藏传佛教的传入，使五台山成为兼有汉传佛教和藏传佛教的佛教圣地。

清朝的统治者来自满洲，在满语中，“满洲”读作“曼殊”。因此，可以想见，清王朝对五台山和文殊菩萨更是怀有非常特殊的感情，对五台山的重视更是绝无仅有。据统计，康熙曾来此进香5次，乾隆来6次，雍正（以贝勒身份随同康熙）、嘉庆各1次。传说顺治皇帝并非因病去世，而是跑到五台山的菩萨顶出家。以至康熙一再到五台山寻父的历史传说，更给五台山平添了几分传奇和神秘的色彩。所以这里成了皇家寺庙，富丽堂皇，豪华气派。更夸张的是，清代只有皇家建筑才能用黄琉璃瓦顶覆盖，可是五台山的菩萨顶却能够独享黄琉璃瓦的殊荣，这是佛寺到目前为止绝无仅有的。由此可见，五台山在清朝时期受重视的程度。

（四）青教与黄教两大宗派

五台山自东汉永平十一年（68 年）开始建庙、弘扬佛法，至今历时近 2000，形成了国内唯一的一处由青庙、黄庙并居一山共同讲经说法的道场，被誉为中国佛教的缩影、世界著名的佛教圣地。

五台山佛教宗派，大的方面分为青教与黄教两大系统。青教是汉传佛教的总称；黄教，是藏传佛教的总称。正如上文所说，相传黄教在明代开始传入五台山，在清代达到顶峰。清初，朝廷将五台山 10 座青庙改为黄庙，僧人也由和尚变作喇嘛。从此，五台山出现了汉族喇嘛，这在全国还是罕见的。五台山黄教，在清代分菩萨顶札萨克与镇海寿章嘉两大系统。僧人有汉、满、蒙、藏、土各民族信徒，成为民族团结、和睦相处的圣洁之地。

五台山是有着博大的胸怀的，兼容并包，容纳着不同的宗教流派，却达成了和睦共处。同时也象征着民族团结甚至敞开胸怀迎接来自世界各地的宗教交流的大气与开放的精神。

四、五台精神与人文风韵

（一）海纳百川的大气胸怀

上文提到了五台山青黄两大佛教宗派并存的状况，不禁感叹五台山的宽容与大度，其实这还只是其中一个小小的层面，除了佛教之间的互相包容，五台山还包容了中国传统文化中的佛、道、儒三教得以并存和互相融合。这三者均是对我国思想、文化、道德观和人文价值观产生不可估量的重大影响的思想、宗教流派。各有所长，相互融合以取长补短，由此形成了独特的文化风韵，也映射出了中国人独特的精神世界。

此外，从古至今，五台山作为东方佛教中心，历来都有接纳包容和与外国佛教流派进行交流的历史传统，以宽大的胸怀与全世界的宗教流派进行文化与宗教交流，为国际间文化互动做出了巨大的贡献。

1. 佛、道、儒三教融合五台山文化是三晋文化的一个重要组成部分，三晋文化又是华夏中原文化的一部分。儒家思想在中原地带一直居于正统地位。所以在五台山文化中，儒家思想中的伦理社会里的三纲五常的等级观念、安贫乐道的生活观念、中庸为上处世哲学等思想，是占据相当大的比重的。加之五台山这种“封闭式的大陆环境“的自然条件，以及在此基础上形成的小农经济，为儒家思想的扩张奠定了经济基础。中原文化是以儒家学中说的“仁爱”二字为起点的。五台山传播的佛教，是以慈悲为怀为中心的，说到底也是植于仁爱的。在探求人性、追求至善、美化人生、稳定社会方面，儒佛是一致的。所以五台山佛教在发展过程中，与本土儒家思想观念的交融影响，是毋庸置疑的。这从五台山寺院中尚存的 300 余幅壁画上所宣传的君臣有义、朋友有信、夫妇有别、长幼有序等内容，即有力地证明了这一点。道教作为中国土生土长的宗教，其在五台山存在与活动的时间，都要早于佛教。东晋时代，道教在五台山地区已经广泛流传，神仙观念也已普遍存

在。五台山原名曾为“紫府山”，而紫府在道教中即为神仙所居之处。唐代地理学著作《括地志》也载，五台山“其山层盘秀峙，曲径萦纡，灵岳神山奚，非薄俗可栖。止者悉是栖禅之士，思玄之流。”这些记载都说明五台山曾有过道教人士在此活动。北齐时，五台山佛寺林立，慧祥在《古清凉传》中说：“据此而详，则仙居灵观，故触地而繁也。”从中透射出五台山佛道的微妙关系。在北齐时代，佛教与道教便有了交集和沟通。其实，翻开《清凉山志》，道教踪迹随处可见，便可知五台山并非单一的佛教圣地。现在五台山许多山名和地名，都带有浓厚的道教色彩。仙花山，是南台的山名。“南台之麓，仙人之居。”梵仙山，昔有五百仙人于此“饵菊成道”。其中食菊饮露，得道飞升，正是道教典型的修炼方式和成仙模式。昔人觉玄有诗描述此“山头紫气日长浮，上有仙人汗漫游。饵菊换教风骨异，白云影里去悠悠。”此外还有九女泉，相传九仙女于此浣衣。紫霞谷，明代让咏此曰：“云栖道者谈经后，散落天花遍九垓。”仙人庵，觉玄咏此曰：“何年仙子此修行，服日餐霞道气清。袖拂天风骑鹤去，至今传说有庵名”。这些记载都反映出在五台山早期历史中，道教也曾有过辉煌的一页。

五台山高僧曾倡导佛道融合。推进三教融合的首先应提到昙鸾。北魏高僧昙鸾，早年出家于五台山佛兴寺，后因注解《大集经》未成而染疾，便产生了寻找长生不老之法的愿望，于是前往茅山跟随南朝道士陶弘景学习神仙方术，并取得了10卷《仙经》回到了五台山。昙鸾写了很多的著作，除了《往生论注解》《安乐净土义》《无量寿经奉赞七言偈》之外，还有《调气方》《服气要诀》《疗百病杂丸方》《论气治疗方》等，后来列出的书名明显属于道教气功方术的类别，具有浓郁的道家色彩。历史称他既是净土宗祖师，又对道教颇有研究。可谓无心插柳柳成荫，出于为自己治病和渴求长生不老的初衷，但却无意中成了促成佛道教融合的先驱。曾在五台山居住过8年的明代高僧德清，他的观点则与昙鸾不同，他明确主张三教融合。德清不仅精研三藏，大力倡导禅净合一，而且还熟读精通儒道经典，其代表著作有：《华严经纲要》《金刚经决疑》《观楞伽经记》《道德经解》(又名《老子解》)《观老庄影响说》《庄子内篇注》《大学中庸直解指》《春秋左氏心法》等。他说：“尝言为学有三要，所谓不知《春秋》，不能涉世；不精《老庄》，不能忘世；不参禅，不能出世。此三者，经世出世之学备矣。”(《憨山老人梦游全集》卷三十九)。这一思想对五台山佛教产生了巨大的影响。五台山道教建筑目前有玄真寺。据传，玄真寺原为道家之地，后方为佛教所占。明崇祯年间，白莲教的一个支派八卦教传入五台山，清代继传于金阁寺普济和尚，改名为九宫道，之后南山寺和尚李林洞任九宫道总领，以南山寺为基地，在东北、山西、河北一带传教。这样，在五台山后期佛教史上，呈现出的是，在佛教内部，诸宗融合，禅净合一；外部则是佛教与儒、道、民间宗教的合流。道家供奉的神仙、民间信仰的神灵，统统被纳入佛教寺庙信仰中。道教把神仙住处称为三十六洞天，七十二福地。在南山寺巨大影壁上，至今保存有“洞天福地”的石刻。供奉护法神的关帝庙随处可见，如灵境寺关帝庙的一副对联“义存汉室三分鼎，志在春秋一部书”就典型反映了儒家忠孝节义的人格精神。另外，在黛螺顶龙棚北半间的墙上，直到民国二十二年时，尚有一幅古色古香的“张果老骑驴过桥图”。佑国寺1483幅石雕中有青龙播雨、天女散花、苏武牧羊、负荆读书、吹箫引凤、三星高照等反映各派各教思想的画面。五台山寺庙壁画反映这方面的内容更为典型。如公主寺的壁画中有佛、菩萨、道教神仙、天地日月、四海龙王、山神土地，阎罗判官、帝王后妃、农工士兵等，整个画面阵容整齐，是天宫地狱、佛道各路神仙的大聚会，是五台山三教合一的历史见证。

2. 世界佛教文化交流唐代诗人刘禹锡在《唐故衡岳律大师湘潭唐兴寺俨公碑》中称“北方之人锐以武，振武莫若示现，故言神道者宗清凉山。”《大唐润川句容县大泉寺新三门记》中也有记载：“今天下学佛道者，多宗旨于五台，灵圣踪迹，往往而在，如吾党之于丘门也。”这些记载反映了五台山的巨大而声名远播的影响，其声名响彻海内外。五台山与外国佛教发生直接交流的历史可向上追溯至唐初，主要国家有古印度、朝鲜和日本。首先到五台山巡礼圣迹的是新罗僧人。唐贞观十二年(638年)，新罗僧人慈藏率弟子僧实等10余人入华求法。首先参拜了五台山圣迹，于文殊大圣像前祷祈冥感，梦像摩顶授梵偈，并得异僧所赠之袈裟、舍利等。继此之后，

不断有朝鲜僧人到五台山巡礼：朗智、崇济、慧超、竟让、登州赤山新罗法华院僧人圣林，高丽僧人慧月于元代间本拟定了要巡礼五台山，但途经大都云居山便停下了，并化缘修补了石经。智泉、慧勤等也都游览参拜过五台山。印度和师子国僧人曾经前来五台山巡礼的也有不少。唐乾封二年(667年)，师子国僧人释迦密多罗来到五台山，唐高宗派了使节和翻译陪同；仪凤元年(676年)和四年，北印度僧人佛陀波利两次前来朝拜五台山；开元年间(713—741年)，梵僧菩提仙那前来朝拜，瞻礼圣迹；贞元十年(794年)，著名的北印度僧人般若三藏巡礼五台山；贞元十二年(796年)，西域乌荼国王与僧人纯陀等朝礼五台，其中，纯陀受不空三藏的委托，监造金阁寺；宋代，佛经翻译家天息灾、法天、施护朝礼五台；金代，北印度僧人呼哈罗悉利带弟子三摩邪悉利等7人朝礼五台，北印度高僧苏陀及其弟子佛陀室利也曾朝五台，住此达17年之久，后于灵鹫寺圆寂，谱写了中印佛教文化交流史上的新一页；明代，先后有印僧释迦也失、具生吉祥和尼泊尔僧室利沙朝礼五台，其中前者住于显通寺；清咸丰年间(1851—1861年)，五台山僧人源修去印度礼圣取经，学习佛法大意，后返回五台，于五顶各造石室，潜心静修，在五台山佛教史上留下了新的记录。与五台山关系密切的还有日本。最早入山的日僧是灵仙三藏。他是参加唐代译经事业的唯一日本僧人。灵仙三藏于820年到达五台山，7年后圆寂于五台山灵境寺。日本佛教史上“入唐八家”之一的圆仁，于开成五年(840年)至五台山巡礼50天，曾向志远法师求法，并带回经籍34部。他返回日本后，写出了《入唐求法巡礼行记》，这是一部研究中日文化交流和唐代社会史的珍贵史料，此书与玄奘的《大唐西域记》和马可波罗的《马可波罗行记》一起被称为东方三大游记。惠萼为促进中日文化交流，3次来到五台山求法巡礼。会昌四年(844年)，他第二次礼台，将日本桔皇后亲手制作的宝幡、镜奁和锈文袈裟等送来五台山供奉文殊菩萨。咸通三年(862年)，他第三次来礼台，并请得一尊木雕观音像，返国途中，至普陀山，船为风浪所阻，遂将观音像安置普陀山供养，时人称为“不肯去观音。”普陀山由此发展成为佛教名山。宋代入台的日本僧人有大周然、成寻以及成算、祚一、嘉因、寂昭、赖缘等。大周然归国后曾奏请天皇把爱岩山改名为五台山大清凉寺，后来成算在京都嵯峨山仿照五台山清凉寺建成了一座清凉寺。成寻著有《参天台五台山记》一书，是研究我国佛教史和宋代社会史的珍贵文献。五台山，作为东方佛教圣地，是国际佛教文化交流的基地。它海纳百川，热情好客，赢得了国际友人的尊重和敬仰。近年来，五台山接待了香港、日本、美国、新加坡、菲律宾等地区的佛教代表团、进香团、朝圣团、拜山团等佛教团体1500余人。五台山佛教的对外友好往来，促进了国际文化的交流，增进了各国人民之间的友谊。在新的历史条件下，随着我国对外开放的不断深入，五台山佛教圣地必将为新的文化交流做出自己独特的贡献，为中外文化交流史谱写更为辉煌的篇章。

（二）五台人文风韵

1. 五台宗教活动

五台山历史悠久，是中国佛教圣地之一，宗教习俗一直延传至今，形成了许多较为固定的模式。如暮鼓晨钟，早晚功课，讲经说法，传戒受戒。而法会是五台山佛教寺院的主要宗教活动，也是进行较多的宗教活动，一年内大致有15次节日法会。如：十寺法会、水陆法会、启智赐福大法会、开光大法会、五台山祈祷世界和平大法会等等。其中最大的法会是六月大法会。在法会期间，寺庙殿堂都点燃长明灯，焚烧蟠龙香，庄严殿堂，渲染气氛；僧尼身披袈裟，手执法器，吹奏佛乐；高僧设坛讲经，弘扬教义；戒师设坛受戒，收徒传法；僧人云集殿内，诵经拜佛。四方善男信女,云集台怀，礼佛还愿，布施钱财，蒙藏信徒磕着等身头前来朝台。

除了法会这样的活动，五台山还会有许多深具宗教文化和民间风俗相融合的活动。每年农历六月当地会举办骡马大会，在这期间举行大型佛事活动、民间文化活动、骡马牲畜交易大会。五台山自古以来就有兴盛的朝会。随着社会的发展，朝会逐渐演变，从而形成了五台山国际旅游月，为展示佛教圣地五台山的镇山文物提供了广阔的舞台。朝会活动内容丰富，其主要一项是四方僧侣云集台怀镇做道场、诵经，使五台山充满了神秘的宗教色彩。游人不但参观了五台山的寺庙建筑群，而且欣赏了当地的民俗风情。

每年农历六月十五前后，五台山还会有传统的跳布扎的活动。这种活动起源于西藏，是五台山黄教每年都会举行的重大佛事活动。在活动前一天，寺内喇嘛就开始念护法经，跳金刚舞，在菩萨顶“镇鬼”；十五日，百余名有身份的喇嘛走出菩萨顶，穿街绕巷，最前边架着弥勒菩萨像，其后大喇嘛坐轿，二喇嘛骑马，其余僧众吹奏庙堂音乐，浩浩荡荡地往罗睺寺去“跳神”；十六日，又在菩萨顶“斩鬼”，大、二喇嘛穿戴皇赐服饰，外列僧人头戴面具装扮二十八宿，就地画圆，按圆行步，并辅以身形手势。通过此活动以驱除邪恶，迎来吉祥安泰。

此外，由于五台山是文殊菩萨的道场，终年香火缭绕、梵音不断，宗教气氛浓厚。每年 8 月 21 日至 9 月 21 日，这里会举行盛大的旅游节庆——五台山佛教文化节，期间会有大型佛事活动和民间文艺活动，届时各方宾客和众僧云集，盛况空前。

那是何等神圣而庄严的仪式以及何等热闹而盛大的场面啊！大概只有这种历史悠久的佛国道场才能见到这种难得一见的香火缭绕、众人云集，怀着虔诚的心礼佛朝拜的场景吧。这是一种出于内心和精神上的文化信仰，是佛教徒们的精神皈依。他们都期待着在这里得到解脱，抛开一切困苦、烦闷、疾病、痛苦，心灵在这里得到净化，为自己、朋友、家人向佛祖祈求福祉，祈求幸福、安康，寄托着一切美好的希望。

2. 朴实善良的五台人

五台县人老实忠厚、勤劳俭朴、待人纯真善良，不会说许多的客套话，办事小心谨慎，不办则已，办就要成功，遭遇逆境可以忍耐，但愤怒的情绪却常常忍不住。

衣食住行方面，厉行节俭，毫不奢侈。五台人一向省吃俭用，三餐以玉米面、高粱面为主食。冬酸菜、夏野菜，一年四季老咸菜，均用自种萝卜、蔓菁等腌制。白面（小麦面）、大米，除节日和接待客人，常年罕见。每有客到，多以煮油糕、烩粉丝（由山药粉面自制）、炒鸡蛋、煎杂菜接待，盛饭以满大表示尊敬和欢迎，吃饭以有剩余表示吃饱。夏秋季节，人们往往端饭到街上，边吃边谈，说说笑笑，很是别有一番风趣。

五台县住宿以木结构房屋居多，台怀地区建房低矮，一堂两屋，解放以来，被连排房（正房）院子取代；屋内结构多设套间或后洞，既讲究了卫生，又方便了生活。庭院之中，古以前槐后榆为佳，栽杨植柳为不祥。今天，人们注重经济价值，新建庭院中栽北京杨树和加拿大杨树的比比皆是。建房当中，在用土筑墙时墙头刻字，立架上梁时有张贴对联的习惯，一直沿袭下来未曾改变。过去对联上写的是“上梁喜逢黄道日，立柱正遇紫微量”等话，现在写的是“稳如泰山，坚似磐石”等话。

五台地处山区，过去交通不便，出门以步行为主，好点的骑驴，偶尔有坐轿车的，基本是大人物。现如今，黑色油路和乡村公路通往四面八方，自行车已成为极普遍的、替代步行的工具，甚至多数人会选择乘坐公共汽车。但不少老年人还保持着过去的习惯，若路途不远，宁可步行也不愿坐车。

一般来说，富不喜外，穷不嫌乡，重男轻女，族村自卫，是五台人的特性。五台人心地善良，为人忠厚，但不善于交际。农村中，男子同男子之间，女子同女子之间，多结有数友，俗称攀干亲。凡攀干亲的，男子称朋友，女子称实弟妹，对方的父母则称为老干和干娘。亲朋见面，多不握手，常以笑脸待之，问话以“孩子发结庄稼好”为主要内容。若遇生客，谦恭礼让，少有寒暄之词，但会以微笑相迎，给人一种朴实、憨厚的印象。

（三）五台美食及特产

五台山地区独具特色的菜肴和风味小吃，都和蘑菇等山货有着渊源。台蘑是五台山的一大特产，清香可口，可以做肉片炒香蘑、清炒台蘑、小鸡炖台蘑等传统名菜，口味清香而不油腻。除此之外，其特色名菜还有定襄蒸肉、五寨猪黑肉炖粉等等。著名小吃有河曲酸粥、原平锅魁、莜面窝窝、高粱面鱼鱼、忻州瓦酥、保德碗砣、神池麻花等。

来五台山旅游的人们通常以为来过台怀镇便是来过五台山了。其实不然，五台山其实是一个由五座山峰拱卫连绵而成的山群，方圆500余里，而非单指某一座山峰。五台山区以台怀镇为中

心，分为台怀、台内、台外三个层次，像是三个同心圆，在这同心圆之内分布着无数大大小小的寺院，台怀镇只是五台山的中心地带罢了。在五台山各大寺院和素斋馆可以吃到丰盛而清香可口的素斋：开花献佛、罗汉菜、金粟贡佛、慈航普度、清凉茶果等等。广大游客还可以在品素斋的同时，欣赏幽雅古朴的汉藏佛教音乐，选购台蘑、金莲花、般若泉水（即佛地三宝）。此外，还有台砚、苓苓香、降龙木、降龙木佛珠、降龙木拐杖、木碗、万卷酥等特产。

（四）五台山特色音乐

五台山所有寺院僧人的日常佛事活动及各种宗教活动都离不开佛教音乐，称为佛曲，又称庙堂音乐、法乐。佛教音乐是用笙、笛、铙、钹、盂等数十种古代民间乐器演奏而成的。五台山佛教音乐分青庙和黄庙两个派别，青庙音乐风格高雅、静谧；黄庙音乐，旋律较为华丽，节奏较为活跃，且羽、商调式的曲调较多，既有蒙、藏高原的山野之风，又具有幽雅、静谧之佛乐风韵。这两种音乐既有颂赞经文的唱诵，又有不加经文的纯器乐曲，无论是唱诵还是吹腔，从曲目看，除民族风很强的佛曲外，为了吸引听众、广传教义，都吸收了不少我国的古典乐曲和民间乐曲。这是因为佛教音乐是随着佛教进入中国的，所以形成具有中国特色和地方性的音乐特征。青庙音乐有的来自佛曲、有的来自古典乐曲、有的来自民间俗曲，一经佛乐队演奏，既有较为浓郁的民族民间音乐韵味，又有鲜明的佛乐特色。黄庙音乐中的吹腔用于黄庙各种殿堂仪式和各种佛事活动。乐曲有的来自青庙音乐，有的来自古典乐曲，也有一部分来自民间乐曲。由此可见，五台山的佛教音乐是扎根于民族民间音乐当中的。

五台山的佛乐，内容多以佛教故事为主，并且具有清远、虚淡、静幽的特色。在举行大型法会时，佛乐活动更加盛大，如 6 月的“圣旨道场”。佛乐的壮观和普及大大增强了佛事活动隆重庄严的气氛，使宗教文化色彩更加浓郁。

2006 年，五台山佛教音乐进入国务院公布的第一批国家级非物质文化遗产名录中。

峨眉山

峨眉山为中国佛教四大名山之一。是举世闻名的普贤菩萨的道场。它位于四川盆地西南缘乐山市境内，地处长江上游，屹立于大渡河与青衣江之间，其山“因有山峰相对如蛾眉”，故名。峨眉山山势雄伟、隘谷深幽、飞瀑如帘、云海翻涌、林木葱茏，有“峨眉天下秀”之称。山上多佛教寺庙，是一个集佛教文化与自然风光为一体的国家级山岳型风景名胜区。

一、峨眉山地理概况

说起峨眉山，人们自然会想到"峨眉天下秀"的美誉，其实不仅仅如此，峨眉山还有"植物王国""动物乐园""地质博物馆""佛国仙山"……之称。而且金庸笔下和武侠小说里面的峨眉派武功，更使峨眉山充满了神奇的魅力，令人神往。南北朝时期印度来华高僧宝掌大师赞叹它："高出五岳，秀甲九州，震旦第一山也!"推崇备至。峨眉山坐落在四川省峨眉山市西南，地处我国四川盆地西南边缘向青藏高原过渡地带，距成都市 130 公里，幅员约 540 多平方公里，划为景区的为 154 平方公里，外围保护区域面积为 469 平方公里。峨眉山逶迤绵延百里，峰峦起伏，苍翠浓黛，云雾缭绕，清雅秀丽。明人有诗云："峨眉高，高插天，百二十里云烟连，盘空鸟道千万折，奇峰朵朵开青莲。"

雄奇神秀的峨眉山，千百年来，以其独具特色的自然景观和悠久丰富的佛教文化遗产，吸引着无数的信众、香客、文人、学者和僧人前来游山礼佛、说法传经、赋诗作画、述闻记游，创造了璀璨的峨眉山文化。1982 年被列为集自然风光与佛教文化为一体的中国国家级山岳型风景名胜区，1996 年被列入《世界自然与文化遗产名录》，2005 年被《中国国家地理》杂志评选为中国十大最美的自然景观之一。

素有"雄秀西南"之美誉的峨眉山，巍峨磅礴，峰峦叠嶂、沟深壑险，绿荫繁茂，云雾缭绕，山山有奇景，十里不同天，以"雄""奇""秀""险"而驰名中外，雄踞中国名山之列，并成为其中的佼佼者。

峨眉之雄 唐代诗人李白有诗云："蜀国多仙山，峨眉藐难匹。"峨眉山在四川盆地西南边缘平地拔起，它高大的形体，雄伟的气势，给人以巨大的震撼。

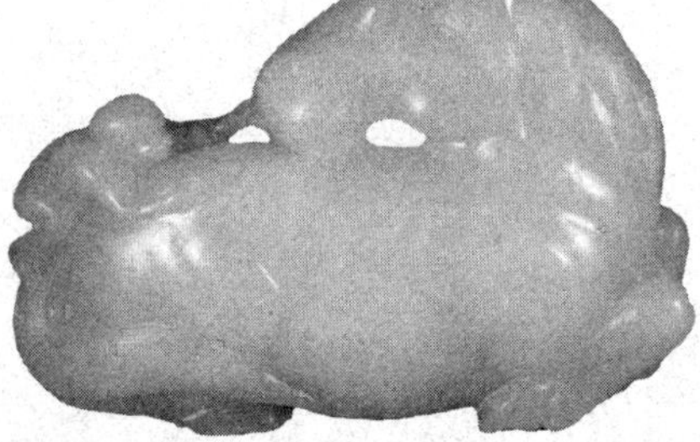

峨眉山主峰为金顶，群峰并峙，绝壁凌空，刚劲挺拔，气势雄伟壮观。最高峰万佛顶海拔 3099 米，相对高差近 2600 米，与五岳中最高的华山相比，高出 1000 多米，所以历代称"高凌五岳"。登临金顶，极目远眺，或群山叠叠，或云海茫茫，变幻无穷，令人心旷神怡。

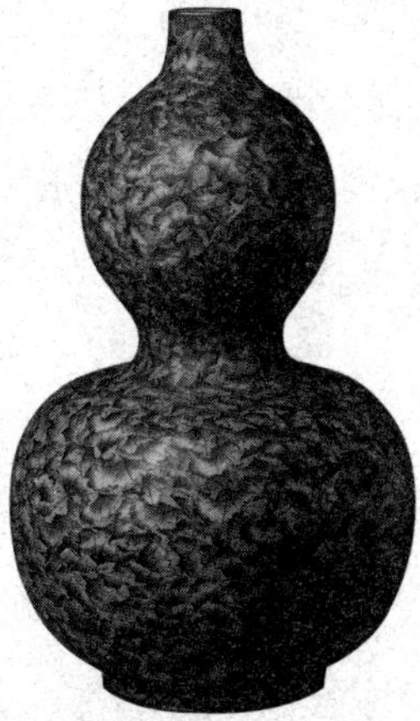

峨眉之奇 峨眉山独特的地理位置，形成了独特的自然环境和气候特征。峨眉山景区内低云多雾，几乎一年四季都被云雾所笼罩，雨量十分充沛，年平均雨天多达 263.5 天，是当地著名的“华西雨屏”，使峨眉山呈现出如梦如幻的景致。峨眉山气温垂直变化显著：有寒带（海拔 3047 米以上，年平均温度为 3.0℃，极端最低温度为 −20.9℃）、亚寒带（海拔 2200—3047 米，年平均温度为 7.6℃）、温带（海拔 1200—2200 米，年平均温度为 13.1℃）、亚热带（海拔 1200 米以下，年平均温度为 17.2℃，极端最高温度为 38.3℃），峨眉山山上山下数公里的高差，使得其平均温差竟达 15℃，所以有人说峨眉山“一日有四季，十里不同天”。

峨眉之神 峨眉山是我国四大佛教名山之一，普贤菩萨的道场，素来有“金五台，银普陀，铜峨眉，铁九华”之说，“五台巍巍黄墙老，九华幽幽钟声传，普陀道场香火盛，峨眉古刹诵华严”，浓郁的佛教文化色彩使其笼罩在一片神秘的宗教氛围之中。诸多神话传说以及戏剧、诗歌、音乐、绘画、武术等的渲染与传播，使这座佛国仙山的神奇色彩更加虚幻莫测。

峨眉之秀 峨眉山处于多种自然要素交汇地区，植物垂直带谱明显，植物种类繁多，类型丰富，植被覆盖率高达 87%以上。峨眉山素有“天然植物园”和“中药材宝库”之称。这里蕴藏着丰富的植物资源和完整的植被类型，保存有世界上亚热带山地最完好的原始植被景观，是世界上植物资源的重要宝库。在方圆 154 平方公里的范围内生长着高等植物三千二百多种，占中国物种总数的十分之一，其中包括世上稀有的珙桐、冷杉、水青树等，仅名贵的杜鹃花就有六十多个品种。每年 3 月至 7 月，从报国寺到金顶沿途之坡上，先后开满了杜鹃花，鲜艳夺目，花期特长。九龙洞至遇仙寺一带的珙桐是落叶乔木，4 月开花，花白如鸽，有“活化石”之誉。在种类丰富的植物中，药用植物很多，有黄连、天麻、血藤、竹根七、峨参等，都是著名的药用植物。峨眉山还是多种动物栖息繁衍的乐园。峨眉山有二千三百多种野生动物，仅蝶类就有二百八十多种。野生动物中有珍稀的大熊猫、小熊猫、黑鹳、短尾猴、白鹇鸡、枯叶蝶、弹琴蛙、环毛大蚯蚓等，与人同乐的峨眉山猴群尤为特别。洗象池一带的猴群，彬彬有礼，与人相亲，可谓“君子猴”；钻天坡一带的猴子却见人不惊，蛮横孔武，常常扶老携幼，向游人索食，可谓“强盗猴”；洪椿坪一带的猴子却衣食无忧，深居简出，可谓“隐士猴”。天下名山之秀，无出其右。明代诗人周洪谟有诗云：“三峨之秀甲天下，何须涉海寻蓬莱。”

雄奇神秀的自然风光，完好的生态环境和源远流长的历史文化，在峨眉山集于一身，有机地融合。峨眉山承天地之滋养，沐日月之精华，钟万物之灵秀，古来聚仙聚佛，正所谓以佛名山，又以山名佛，不然怎么会有峨眉山之美？时至今日，虽山中风物多有损毁，但古寺名刹均修葺一新，年年时节将至时，便见香客如龙，游人如雨，普贤道场香火不衰，盛况空前，这更为峨眉山增添了神奇的魅力！

二、峨眉山的美丽传说

（一）峨眉山名字的来历

古时候峨眉山包括大峨山、二峨山、三峨山，亦称大峨山、中峨山（又名绥山、覆蓬山）、小峨山（又名铧刃山）。现在的峨眉山专指大峨山，不再包括二峨山和三峨山。其外又有四峨山，清同治《嘉定府志》载：“大峨直北为四峨山，亦名花山。”在今峨眉山之北。而乐山民间又指位于沙湾区三峨山东与三峨山相连之山为四峨山。

目前见到最早出现“峨眉”字样的是西汉辞赋家扬雄的《蜀都赋》，文中云：“南则有犍、牂、嫱、夷、昆明、峨眉。”《华阳国志·蜀志》载有：“西奄峨、嶓”，简称作“峨”。关于它的名字因何而得，解释者多多。第一种说法是西晋张华《博物志》所记“南安县西百里有牙门山”“山如修眉横羽”，亦写作“伢门山”，意为“我们的山”，因“牙门”与“峨眉”古音相近，后来逐渐转化为“峨眉山”，故峨眉山为古蜀语的对译。第二种说法是写作“娥眉”，为古代女子的代称，娥者好也，为“细而长，美而艳”的美好之意，故又释为“娥媚”。北魏郦道元在《水经注》中言：“去成都千里，然秋日清澄，望见两山相对如娥眉焉。”《峨眉县志》形容此山：“云鬟凝翠，鬒黛瑶妆，真如螓首蛾眉，细而长，美而艳也，故名峨眉山。”后人将“娥”改为“峨”。峨眉山因此而得名。第三种说法是山名取义于山形似蛾眉，蛾字当从“虫”，而不应从“山”，即蛾眉山也。最后一说是晚清赵熙在《九老洞碑记》中说峨眉当从水旁，即为“涐湄”。

关于峨眉山的四座山巅，还有一个古老的传说：据说很早以前，峨眉县城西门外有一西坡寺，一年来了一位白发苍苍的画家，在寺内小住些时日，与寺内一和尚谈得投机，友情与日俱增。一天，画家要告别离去，欲给和尚食宿费用，和尚坚辞不收。画家遂想起和尚爱画，于是提笔为和尚画了四幅画，每一幅上都是一个美丽的姑娘。第一幅的姑娘绿衣绿裙，头披白色纱巾；第二幅的红衣红裙，披绿色纱巾；第三幅的蓝衣蓝裙，披黄色纱巾；第四幅的黄衣黄裙，披红色纱巾。四位姑娘个个美若天仙，而古时称美女为娥眉，所以画家给四幅画取名为《娥眉四女图》。画家把画送给和尚，告诉他过七七四十九天后再拿出来挂。

画家走后，和尚每日拿着画把玩不已，最后终于提前把画挂在客堂里。一日，他从外面回来，见四个美女在屋中嬉笑。和尚觉得奇怪，又觉得她们似乎都很面熟，于是问她们："你们几个姑娘是来游庙还是拜佛呀?"四个姑娘见和尚回来了，也不回答，转身笑着往外跑。这时，和尚看到墙上四幅画中的美女都不见了，于是恍然大悟，跑出去追她们。三个姐姐跑得快，把四妹落在后面，回身看到妹妹已经被和尚抓住了裙角，四妹大呼"救命"，三个姐姐见状骂和尚："这和尚真不害羞!"四妹因为隔得远，没有听真切，只听得"不害羞"三字，误以为姐姐们在骂她，羞得满脸绯红，无地自容，便立刻变成一座山峰。三个姐姐见四妹变成一座山，也变成三座山，依傍在她身旁。而那痴心的和尚见姑娘变作山峰也不放弃，决意守在山旁，后来就死在那里，变成了瓷罗汉。后来，人们在那里修了个庙，就叫"瓷佛庙"。

这个算不得新颖别致的古老传说，却为峨眉四峰平添了几分灵性。静心冥想，似乎还能感到她们的笑声在山间萦绕，而山中的流云瀑布、奇花异木就如仙女们的美艳衣裙。

（二）峨眉第一人

陆通为春秋时楚国人。因为对时政很失望，因而他装疯卖傻，不愿向楚王称臣。当时，到各国游说的孔丘带着门徒从陈国来到楚国的边城负函（今河南信阳），希望得到楚王的召见。楚王本来想重用孔丘，却被心生妒意的大臣阻挠，楚王一时难以取舍。孔丘一行闷在边城驿馆之中，进退两难。一天，陆通来到驿馆门前，高唱"凤兮，凤兮"的歌，孔丘感到歌词有讥讽之意，很想和陆通作推心置腹的交谈。陆通却旁若无人，扬长而去，引起围观的人一阵哄笑，让孔丘十

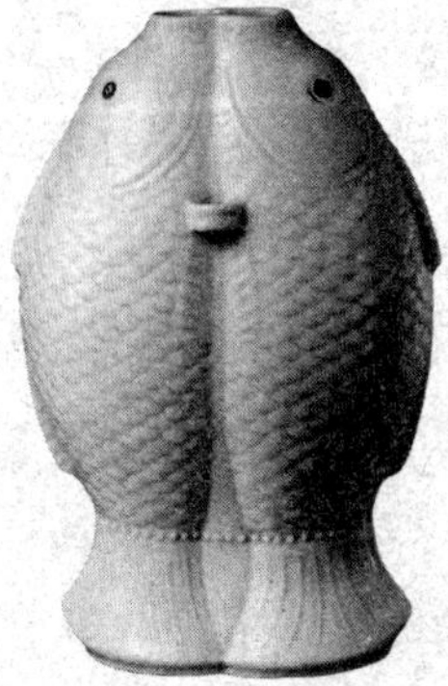

分尴尬。楚王听说以后十分惊喜，便派使臣带着黄金绫罗，用马车去迎请陆通，说要委派他治理江南一带的大片领地，不料陆通一口回绝。楚国使臣离开后，陆通为了免遭楚王报复，带着妻子离开了郢城，沿着长江逆流而上，穿越艰险的蜀道，来到了风光秀丽的峨眉山。夫妻俩在峨眉山一块平坦的凤嘴石上搭起茅棚，住了下来。他们就是有史料记载的峨眉山中第一位山民。因此，后人把陆通视为峨眉山的“山神”。放浪形骸、漠视权贵的楚狂，最终选择了峨眉山作为归隐地，在此后千百年里，引发多少追思之人。唐代诗人陈子昂到峨眉山，作《感遇》组诗：“浩然坐何慕，吾蜀有峨眉。念与楚狂子，悠悠白云期……”李白还时常把自己比作陆通：“我本楚狂人，凤歌笑孔丘……”明弘治年间，督学王敕把凤嘴石改为歌凤台。清代，峨眉城南建峨神庙、镌碑“峨山之神”，以祭祀楚狂。

（三）奇妙弹琴蛙

传说万年寺的广浚和尚琴弹得非常好，那琴声柔和时，如松涛细语；急促时，似百鸟争鸣；舒缓时，如行云流水；洪亮时，又如寺钟共鸣。每当广浚和尚弹琴的时候，周围树林里的山雀、池塘里的青蛙，都停止了鸣叫，静听这悠扬的琴声。一天黄昏，广浚和尚正弹着琴，忽然看见一个身穿绿色衣裙的姑娘倚在门外听琴。和尚感到很奇怪，问她是谁。姑娘害羞地答道：“我家就在寺旁，自幼喜欢弹琴。今天是师父的琴声把我引来了。”从此以后，和尚每次弹琴，绿衣姑娘就来听琴，有时也带着琴来请师父指点。广浚和尚去世了，绿衣姑娘也不再来了。但每当黄昏的时候，庙里和尚仍然听到毗卢殿后面有悠扬的琴声传来。有一次，当琴声悠扬的时候，和尚们悄悄地隔窗窥视，见一绿衣姑娘端坐抚琴，指法韵律，略似广浚，不禁发出赞美之声，姑娘惊起急避，跃入池中。和尚们前往探视，却见水中一小青蛙在鸣叫，其声恰如琴韵。大家这才知道广浚和尚弹琴时，前来听琴的绿衣姑娘为青蛙所变，后人称这种蛙为“弹琴蛙”。

弹琴蛙是峨眉山一种无尾目动物，因能发出一种悦耳的似琴声一样的声音，故名。弹琴蛙体色为浅灰色或土黄色，能随季节变化而变化。弹琴蛙在峨眉山主要分布在万年寺、观心坡、黑水寺、洪椿坪、大坪等地。只要留心，在万年寺的白水池中就能见到。

（四）名人流芳

早在春秋时期，峨眉山以有隐士在山中修道，被世人视为“仙山”。此后峨眉山上多有道士隐修。除了僧侣，峨眉山还吸引了历代的文人逸士。从春秋时的陆通到魏晋南北朝时的陆修静、宝掌、明果、慧持，从隋唐时的孙思邈、吕洞宾、慧通、陈子昂、李白到两宋时的范成大、陆游，明清的方孝孺、王士祯到近现代的冯玉祥、郭沫若、赵朴初、邓小平……或遗墨宝，或留典故，为名山增辉添彩。

孙思邈与药王洞　隋末唐初著名医药学家孙思邈（581—682 年），京兆华原（今陕西耀县）人，通老庄百家之学，尤精医药及阴阳、推步，常到山野采集药物，世称药王，著有《千金药方》和《千金翼方》。他两上峨眉山，寄住牛心寺。寺后山脚有一丹砂洞，洞口高 5 米、宽 2.7 米，洞深 5.35 米，洞壁赭色。清《峨眉山志》记载为：“孙思邈炼丹洞也，药炉丹灶见存，岩石皆碎破，无草木，说者以为丹气熏蒸所致。”今洞内多碎石，依然无草，洞壁犹留烟熏痕迹，与文献记载相符。北宋苏东坡有诗云：“先生一去五百载，犹在峨眉西崦中。自谓天仙足宫府，不应尸解化虻虫。”牛心寺附近的淘米泉（亦称洗药泉），为孙思邈蒸炊洗药之泉水。如今山中还流传着许多孙思邈修道采药和炼丹的故事。

李白与白水池　唐开元十三年（725 年），25 岁的李白仗剑远游，从家乡绵州彰明县（今四川江油市）来到峨眉山，为“邈难匹”的仙山所倾倒，盘桓了半年之久。他与白水寺（今万年寺）住持广浚和尚成为好友，常在白水寺内白水池旁谈诗论经，饮酒对句。李白《听蜀僧浚弹琴》记录了此事：“蜀僧抱绿绮，西下峨眉峰。为我一挥手，如听万壑松。客心洗流水，余响入霜钟。不觉碧山暮，秋云暗几重。”白水池畔曾挂“唐李白听广浚弹琴处”木匾，可惜今已不存。现在的白水池，长约 8 米，宽约 7 米，围以石栏。

白水池长映明月，亦称明月池。皎洁

的峨眉山月令李白刻骨铭心，屡屡在诗文中咏吟之，最著名的要数传诵千古的“峨眉山月半轮秋，影入平羌江水流。夜发清溪向三峡，思君不见下渝州”。后人写峨眉，几乎没有不引用或化用这首诗的。其后三十年，李白又有《峨眉山月歌送蜀僧晏入长安》，其中“月出峨眉照沧海，与人万里长相随”，抒发心声，脍炙人口，诗中六次出现峨眉和峨眉月，一唱三叹，寄寓着“月是故乡明”的挚情。

开元十五年（727 年），旅居湖北安陆的李白，写下了著名的《静夜思》：“床前明月光，疑是地上霜。举头望明月，低头思故乡。”李白在《代寿山答孟少府移文书》中自叙“近者逸人李白自峨眉而来”，他以峨眉代指蜀地。我们完全有理由认为这诗中勾起诗仙怀乡之情的明月，自然是指峨眉山的月亮。千百年来，这首诗牵动了多少游子的心！由于峨眉山在中国的显赫声名，理所当然地被人们用作四川的代名词。李白一生颠沛流离，浪迹江湖，每当他在外地思念家乡时，便要吟诵一番峨眉月。他是把峨眉山和峨眉月作为桑梓的代表来抒怀的。

北宋名画家孙知微曾久居白水普贤寺，其代表作《普贤行愿图》藏在寺中；苏轼游览峨眉山后，作了禅诗多篇；江南画僧为政在卧云寺狂草“双龙飞桥”四字；江西派首领黄庭坚在中峰寺静修，撰写《对青竹赋》《录菜赋》等文；南宋四大诗人之一的范成大在四川离任之前，曾带一批友人游历峨眉山。他是个喜爱山水的诗人，沿途细心观赏山中景物，题诗数十首，其中不少佳作，最为人称道的是他咏佛光的诗，这也是最早咏佛光的诗作。其《峨眉山行纪》，不仅文词精美，而且是一篇珍贵史料。

即使到了近代，也不乏名人留芳于峨眉。著名画家徐悲鸿游峨眉山时，为洪椿坪画《八哥图》一幅，为九老洞寺庙画的《达摩苇渡图》，至今珍存；享誉海内外的国画大师张大千，游峨眉山时曾作画多幅，他为接引殿方丈圣钦大师所绘《峨眉山水图》已成珍品；蒋介石最早于 1935 年到峨眉山举办军官训练团，并设立官邸（原址在今红珠山宾馆内）在此居住。抗战期间，蒋介石又曾多次来峨眉山消夏避暑。抗战结束后，蒋介石离开峨眉山抢夺抗战胜利果实，故素有“下山摘桃子”一说。1965 年，陈毅上峨眉山视察时，为万年寺老僧自制清茶取名“竹叶青”，留下一段佳话。竹叶青茶得到陈毅嘉奖后，不断改进工艺，扩大生产，成为绿茶中的极品。

三、峨眉山的地质奇观

传说固然美丽，而这高拔峻秀的群山并非仙女立地成山那样瞬息而就，而是经历了数亿年的沧海桑田！峨眉山的形成，要追溯到6亿年前的震旦纪时期。那时峨眉山一带还是一片汪洋大海，5亿年前的寒武纪时期，海底逐渐沉积了页岩、砂岩和石灰岩层，海水变浅。到了4亿年前的奥陶纪后期，地壳运动将岩层推向海面，从而形成了峨眉山的雏形。此后，峨眉陆地又沉入海中，直到7000万年前的白垩纪时期，它才又升出海面。在上升过程中，岩层发生褶皱、变形、断裂，形成了峨眉断裂带，又经漫长的风雨剥蚀、岩层运动，才使峨眉山以其巍峨雄秀的风姿伫立在中国的西南大地，它的地质奇观令世人倾倒。

现在国际通用的十三个地质纪，峨眉山拥有十个。它们层序完整，界限分明，被世界地质界公认为“地质博物馆”。构成峨眉山基座的，是分布广泛的8亿年前由于岩浆作用形成的峨眉花岗岩、2亿年前形成的峨眉玄武岩。这些岩石是构成山体的主要岩层，有8—1.8亿年前因浅海碳酸盐和滨海碎屑沉积而形成的石灰岩、白云岩、砂岩，有1.8亿—7000万年前在地质学上称作中生代、新生代时期形成的峨眉大背斜，有第四纪新构造运动形成的冰川地貌。不同年代的岩层相互交错，或并肩为伍，或中断消失，或倾覆倒转。

峨眉山以丰富多彩的层岩、千姿百态的岩石、千差万别的地貌形态、特有的地质构造和世界上不可多得的标准剖面，向我们诉说着它的沧桑历史，展示着它从远古而来的天生丽质。

（一）麦地坪寒武纪剖面

邻近高桥镇的峨眉山外层山峰麦地坪地质剖面，1978年被国际地质科学联合会列为十个国际震旦系—寒武系界层型标准剖面之一，是研究这一时期地层藻类化石、潮坪沉积环境的理想剖面。其地质岩层为细晶白

云岩、微晶白云岩、藻白云岩、鸟眼泥白云岩，夹杂着硅质条和硅质层。5—4 亿年前形成的藻叠层石、核形石、凝块石、葡萄石，层层相叠，层次明晰，出露清楚，间有软蛇螺和三叶虫的化石相嵌。从中可以窥见峨眉山在 5 亿年前左右的寒武纪时期，由于相邻地区的地壳变动涌来大量碎屑物，可以推断，那时的混沌海水中单纯的藻类王国是如何演化成软舌螺和三叶虫的快乐世界的。

沉积岩夹杂着动物化石，蕴藏着不可思议的天然悲壮美。沉睡了数亿春秋的奇妙化石一旦重见天日，便成为魅力无穷的永恒风景。

（二）龙门洞三叠纪剖面

符汶河由西向东，穿过长约 5 公里、宽约 30 米的峨眉山东麓龙门峡。两岸数十米高的绝壁，完整地保留了三叠纪时期海陆运动形成的沉积型地质剖面。2 亿年前的白云岩造就了龙门胜景，一段数百米长的岩壁草木不生，镶嵌着许多上下走向的浅赭色线条，清晰地记录了三叠纪时期地质变动的情况。明显的水波纹构造中有虫迹、虫孔，看得见成岩压溶作用的各种缝合线，也能看到成岩作用形成的膏化白云岩和微晶白云岩，还有膏模、晶模、鸟眼和层叠石等沉积构造的特征，有的微晶岩中还印着鱼形痕迹。这里与波斯湾阿布扎比的萨布哈古环境十分相似，地质学家称之为“萨布哈相”。先后有英、美、德、日等二十多个国家的地质学家来这里考察。1964 年四川省政府立碑保护。1981 年被国际地质科学联合会确定为国际地质教学基地。

龙门峡河中心，大自然将白云岩雕出一条船来，灰中带赭，长约 35 米、宽约 2.5 米，经常露出水面的约 2 米，被当地农民称作“石船子”。僧人说是当年普贤菩萨运经书至此，弃船上岸，点化成石，叫做“普贤船”。明人在岩壁上刻“藏舟于壑”四字。

沉积岩缝中渗出的流泉千古不断，水清味甘，一勺入口，沁人心脾，古人称作“神水”。今称玉液泉，含有氙、硒、锶、碘、硼、二氧化硅等微量元素，所制“峨眉雪”矿泉水，1991 年获香港国际食品博览会金奖。与龙门峡相连的两河口一带，含氡的地下温泉分布广泛，今辟有数处温泉洗浴场。

（三）一线天沉积层

从清音阁沿黑龙潭西行 1 公里，只见两堵陡峭的岩壁夹江而峙，幽暗阴冥，仰天仅见一线，故称“一线天”，也叫白云峡。峡谷雄秀幽曲，泉水清凉纯净。

相距不过三五米的两壁天然剖面，是距今 7000—6000 万年前的燕山造山运动和喜马拉雅山运动的活档案。7000 万年前，处于白垩纪时代的四川盆地，还是一片浩瀚的内海，突如其来的燕山造山运动，将峨眉山原来重叠了几亿年的整整齐齐的沉积岩层，拱凸撕扭得支离破碎，留下了众多峭峰陡壁、深壑断涧。从一线天头道桥邻近的断崖上，可以清楚地看到 6—5 亿年前的不同地层依序叠覆，也可以见到年代殊异的花岗岩与石灰岩犬牙交错。6000 万年前的喜马拉雅造山运动再次排山倒海，将峨眉山扭曲拉裂。又经过不知多少万年的风雕雨蚀，裂出了白云峡狭窄的一线天，塑出了黑龙潭边七座状若竹笋的石笋峰，形成了凉风岗前和脚盆坝前的冰川遗迹“U”字形幽深狭谷。峭岩势欲倾，飞瀑添流韵，那地质奇观引出的山环水抱的优美自然景观，让人陶醉其中，流连忘返。

（四）舍身崖玄武岩

金顶东面的舍身崖（也写作摄身崖），崖顶距崖底 700 多米，与千佛顶、万佛顶相距约 3000 米，全由坚硬的玄武岩构成。远望，像一架硕大无比的青灰色屏风矗立于天地之间，那巍峨壮阔、雄浑沉稳的气势，似乎在向游人诠释着“壁立千仞，无欲则刚”的哲理。近看，则崖壁凸凹、怪石嵯峨，猿猴欲度愁攀援。

峨眉山玄武岩是我国地质学家赵亚曾于 1929 年命名的。它的形成期，在 4 亿年前的奥陶纪到 2 亿年前的二叠纪。那时地壳剧烈变动，将峨眉山的岩层推出水面，之后又沉入海底。一种与酸性花岗岩不同的基性熔岩，突破冈瓦纳大陆的地壳，浩浩荡荡地从西部奔腾到东方，在现今峨眉山的位置凝成玄武岩。有棱角分明的，也有圆滑的；有青灰的、暗绿的，也有黝黑的。金顶金刚嘴的柱节石、太子坪上面的天门石、洗象池后的金刚石、清音阁前的牛心石，都是中国扬子地台晚二叠纪玄武岩的典型代表。

四、峨眉山的风景名胜

（一）金顶四大奇观

金顶海拔3077米，峭壁千仞，气势磅礴，登临峰顶，顿感气象万千，心胸豁然开朗。由于这里集中了历代寺庙，所以人们往往将金顶称作主峰。顶上原有钢瓦殿、铁瓦殿、锡瓦殿和卧云庵等，现正殿为永明华藏寺，顶为铁瓦，殿后最高处原有一座铜殿，于日光下闪烁灿灿金光，金顶之名即得于此。两殿都毁于大火，现幸存的只有一块铜碑，而且保留完整。登临峨眉金顶，可以观赏到日出、云海、佛光、神灯四大奇观。

日出是峨眉金顶的一大景观，特别是云海的日出，景色十分瑰丽壮观。每当晴日清晨，天刚微明，站在舍身崖前，只看见银河横陈，繁星点点，慢慢地山的东边天际由微白逐渐变成橙红色。那橙红色迅速扩展为无边无际起伏连绵的紫红祥云。远处起伏的流云有如波涛翻滚，汹涌澎湃。接着红日撩开面纱，渐渐伴随着古刹钟声从云海中喷薄而出，脱离云层，冉冉升起，万丈光芒顿时染红了山峦和大地，给金顶披上了一件金色的彩衣，大千世界呈现无限生机。远远望去，沐浴在金色之中的贡嘎、折多雪山明丽异常，让人心胸开阔。赵朴初曾咏赞道："天着霞衣近日出，峰腾云海作舟浮。"

峨眉金顶观云海，是一种欣赏，是一种享受。每当雨过天晴，深谷白云翻涌，弥漫于睹光台前，越积越厚，扩展开去，一望无际，如汪洋大海。故僧人称峨眉山为"银色世界"。又将云海与佛教相附会，称作"兜罗绵"。若是无风，三三两两的山峰顶破云层，宛若岛屿。微风徐来，云团轻舒，像慈航普度般缓缓飘移；如有大风，则如狂涛怒卷，惊心动魄。置身其中，有如涉险海岛，山峰犹如座座孤岛，只现出青葱的峰巅。脚下低云平荡，仿佛银涛翻滚，渺渺茫茫，光彩缤纷，应接无暇。伏虎寺里有陈毅元帅的联语："云卷千峰集，风驰万壑开。"舒卷开阖，大气磅礴。明人王世性的"云迷大壑觇龙气"，是何等的雄豪！

峨眉山顶的佛光是一大奇观。佛光，古称“光相”，又称“金顶祥云”，它是“峨眉十景”之一。每当中午以后，太阳偏西，睹光台前白云平铺岩谷，在平平的云海上会出现明亮艳丽的、像彩虹一般的圆形光环，直径大约几米，颜色由外向内越来越浓，外红内紫，虚明凝湛若镜。有时光环层层叠叠，正如宋代范成大在《峨眉山行纪》中吟咏道：“金影叠彩印岩腹，非烟非雾染丹青；我与化人中共住，镜光觌面交相星。”游人若有幸遇上，会看到淡黄的圆圈中央摄入自己淡墨色的身影，举手投足，光影随动。如果多人同时遇到佛光，各人唯见圈中自己的影子而不见旁人。这种奇异现象，目前还没有科学的解释。

金顶佛光必在雨后天晴云层铺展在舍身崖前时出现。光环有大有小，有彩色的也有白色的，还有两环相套的。摄有人影的叫摄身光，浮于云上的叫清现，直径 1 米左右的称辟支光，再小的称童子光，七彩明艳的谓金桥。能巧遇最难得的金桥，那真是三生有幸。佛光出现的原理，与彩虹相同，那是阳光从一定的角度射到云层而产生的折射现象。当阳光受到云层深处水滴或冰晶的反射，再穿越云雾表面时，在微小的水滴边缘折射出不同波长的单色，这些单色逐渐扩散开来，就出现彩色光环，国内外很多地方都有，但不像峨眉山这样平均每年出现 80 多次，有时延续一两个小时，所以想看佛光就去峨眉山。由于它是佛教名山，又是普贤菩萨的道场，所以这些光环被称为“佛光”。清代谭钟岳有诗云：“非云非雾起层空，异彩奇辉迥不同。试向石台高处望，人人都在佛光中。”

范成大在《峨眉山行纪》中提到的“乙夜灯出”，也是峨眉山的一大奇观，即“神灯”。每当在月黑风清的夜晚，雨过天晴之后，站在睹光台前远望山林，岩下幽谷可见一点光亮翩翩飞舞，起初只有几点，一会儿工夫就遍布山林，成群成片，像萤火、磷焰，又如繁星，“时而散舞，星星点点；时而相聚，网网团团，令人眼花缭乱，心动神摇”。这种现象，被称为“万盏明灯朝普贤”。更有人将其喻为一盏盏神秘的“圣灯”。当然，这盏盏灯火，既不是来自于阴间，也不是来自于神灵，而是大自然中的磷化氢燃烧所致。这一带分布有较广的含磷地层，磷化氢在空气中极易燃烧，从而出现了这种一光如豆，转而呈万斛珠玑的“万盏明灯”的

奇幻景观。

峨眉金顶四大奇观虽说都有其自然界的成因，但因其神幻似的美妙以及人们丰富的联想，使这里有了人间仙境似的韵味。

（二）峨眉十景

清光绪十三年（1887年），四川总督丁宝桢奉旨命画师谭钟岳绘制峨眉山图。谭钟岳遍访全山，历时半载，绘图64幅，印成《峨山图说》一书。其中“撮其景之最胜者胪为十幅”，并题诗10首，取名“峨眉十景”，即圣积晚钟、萝峰晴云、双桥清音、大坪霁雪、洪椿晓雨、九老仙府、象池夜月、金顶祥光、白水秋风、灵岩叠翠。金顶祥光即佛光，在前面已有所叙述，在此不再重复。

圣积晚钟　“晚钟何处一声声？古寺犹传圣积名。纵说仙凡殊品格，也应入耳觉清心。”从清人谭钟岳这首《圣寺晚钟》诗，可看出该景观绝妙之处，不在古寺犹传圣积名，而在钟声入耳觉清心。清人王日曾在《巨钟》一诗中也咏赞这一钟声：“万金熔铸自何年？长作龙吟散晓烟。留镇山门开觉路，声声高澈大峨巅。”圣积寺，古名慈福院。位于峨眉城南2.5公里处，为入山第一大寺，环境幽古。寺外有古黄桷树二株，围可数人合抱，从报国寺向此远望，两株黄桷似一头大象。寺内文物众多，以普贤骑象铜像、八卦铜钟、铜塔等最著名。八卦铜钟原悬挂于寺内老宝楼上，又名圣积铜钟，是四川最大的铜钟，素有“巴蜀钟王”之称。铸于明代嘉靖四十三年（1564年），为别传禅师所募化。此钟铜质坚固，重达1.25万公斤。民间传说：当年，别传禅师募铸好铜钟后，悬挂于圣积寺钟楼上，嘱咐弟子说：“我去外地云游，三天之后，尔等始可敲钟，切记！”谁知和尚离寺不久，一小沙弥极想聆听钟声，不顾师父的叮嘱，抡起钟锤便敲，“当”的一声，洪亮的钟声在空中回响，山谷齐鸣，越传越远，一直传到和尚的耳朵里。此时老和尚才走出30华里，一听钟声，神色大变，惋惜地说：“如果三天之后再敲钟，那钟声将会随我传到已走三天路程的地方啊！”僧人们对声如龙吟、入耳清心的铜钟，在敲打时间和方式上颇有讲究。据民国二十四年（1935年）出版、赵循伯编撰的《峨眉山》载：“其钟每于废历

（即夏历）晦望二日之夕敲击。击法有‘慢十八、快十八’之分，随击随念钟偈，每四字一句，每四句一击，凡百余击始止（一说为一零八击），每一击，声可历一分零五十秒。近闻之，声洪壮；远闻之，声韵澈；传静夜时可声闻金顶。”民国二十五年（1936 年）出版的刘上熹的《峨眉导游详记》也说：每月朔望之头夜乃击之，一年之中仅叩 24 次。所谓晚钟者，因和尚于 9 点后执灯上楼，口诵经偈，俗云钟句子。初则念一句，则叩钟一次，每句四字，念毕则叩，始缓叩，入后每字一叩，愈念速，则叩愈急。缓十八，急十八，叩至三遍，曰三叩，每叩须诵全文，三次叩钟，共有 108 捶。钟声异常宏壮。另载，晚钟每次叩 108 次与我国古代的物候历有关。物候历以五日为一候，三候为一气，一年分 24 个节气，共 72 候。每候以一个物候现象相应，叫“候应”。以每年 12 个月、24 节气、72 候应相加，其总和正好是 108。钟体内外刻有《阿含经》、《佛偈》、《皇图》、《洪钟疏》和《圣积寺钟铭》等，共 61600 多字，为研究中国佛教史特别是峨眉山的佛教起源，提供了宝贵的资料。

清代圣积寺废祀后，铜钟移存他处。民国初年尹昌衡任四川总督时，财政困难，为铸铜元，将此钟运往成都，在顶部打了一条裂口，准备熔铸。峨眉僧人赴省据理力争，才得以重返。1958 年大炼钢铁，又有人想砸碎丢进炼铁炉，刚打了一个洞，被峨眉县政府发觉，下令制止。1959 年，圣积寺废，钟搁置于道旁。1978 年，峨眉山有关文化部门将铜钟迁移到报国寺对面的凤凰堡上，并建亭覆盖维护。凤凰堡上参天蔽日的苍杉翠柏，庄重典雅的八角攒尖钟亭，环绕四周百余通碑刻的古碑林，与古拙凝重的巨钟浑然一体，融和了自然美与人文美，不失为一大景观。好事者将前诗略加修改，以示其盛概：“凤凰堡上柏森森，晚钟犹长作龙吟；纵说僧俗殊信仰，一样入耳觉心清。”

双桥清音　清音阁地处峨眉山上山下山的中枢，与龙门洞素称“水胜双绝”。清音阁初建于唐，北宋三藏大师继业重建，曰前牛心寺，明初禅隐于此的广济大师，取晋人左思《招隐士》诗中“何必丝与竹，山水有清音”之意，更名为清音阁。阁前明代接王亭之侧，有明人彭瑞吾书刻的“万古清音”石碑。面对清音阁，展开的是一幅青绿山水画卷，浓绿重彩，精工点染。高处，玲珑精巧的楼阁居高临下。中部，是丹檐红柱的接御、牛心二亭，亭两侧

各有一石桥，分跨在黑白二水之上，形如双翼，故名双飞桥。近景，则为汇合于牛心亭下的黑白二水。右侧黑水，源出九老洞下的黑龙潭，绕洪椿坪而来，流经 15 公里，水色如黛，又名黑龙江；左侧白水，源出弓背山下的三岔河，绕万年寺而来，流经 15 公里，水色泛白，又名白龙江。滔滔白浪，冲击着碧潭中状如牛心的巨石。山水相连，红绿对比，组成独具特色的寺庙山水园林环境。园林学家称它是“有声的诗，立体的画”。牛心石黝黑光亮，凝聚着两亿多年的历史和生命，任黑白二水汹涌拍击，仍巍然不动。惊涛拍石，发出阵阵的轰鸣，声传四周的深谷幽林之中，恰如古琴弹奏，时而清越，时而深沉，时而激昂，任人领略“清音”之趣。惊涛拍石，激起飞花碎玉，洒珠喷雪，水面上一派似雾非雾的水珠，飞腾于空中，跌落在水里。阳光映射，双飞桥在水雾中恰似两道五色缤纷的彩虹。“双飞两虹影，万古一牛心”。戊戌六君子之一的刘光第的联语，用传神之笔描绘出“双桥清音”的风韵。谭钟岳的纪游诗《双桥清音》云：“杰然高阁出清音，仿佛神仙下抚琴。试立双桥一倾耳，分明两水漱牛心。”近人林藜有诗赞道：“峨眉山水有清音，响彻双桥若瑟琴。黑白二江流不住，千年砥柱一牛心。”月朗风轻之夜，山色朦胧如黛，万籁俱静，唯有悠扬清越的水声回荡在无穷的空间。坐在水潭前的洗心台上，人们仿佛进入了一个“清音”化的世界。静听清音，人的心灵因之而宁怡，而超脱，忘却自己的存在，仿佛自身与大自然融合为一，化作声声清音，萦绕于太空。明代嘉州名士安磐游览到此，流连忘返，写下《留别双飞》七绝一首：“倒雨青霜透葛衣，鸟啼山暝坐忘归。城南一枕松堂月，还借涛声入梦飞。”在清音阁，可看到山光水色，闻到花草芬芳，听到流泉清音，触摸到亭台碑石。2004 年，在两江相汇而成的宝现溪上筑坝抬高水位，形成清音平湖，青山倒映，杉柳环岸，林下水声喧鸟语，落日楼台一笛风。与清音阁相连的明代功德林，数万株桢楠“片片绿云带春烟”。相传白蛇白素贞修炼的白龙洞也在附近。寺宇、亭台、桥梁、游道、溪流、树林和云岚，巧妙地组成了浑然一体的山野佛寺园林，自然美与艺术美相融合，它集中了视觉美、听觉美、嗅觉美，有如立体的画、有声的诗，最能代表峨眉山幽静的一面，能使游者获得峨眉风光总体的审美感受。古今游人多称誉其为“峨眉山第一风景”。若是“中宵卧听泉鸣

急，洗尽尘心即佛心”，让人忘却尘世纷扰，涤尽荣辱爱恨，顿悟人生，似乎与大自然融为一体了。

象池夜月　峨眉山月，自古留名。观月的最佳地方是在报国寺、萝峰顶、万年寺、仙峰寺和洗象池等地，赏月的最佳时令是在秋天。历代文人雅士不乏吟咏峨眉月的诗句，如“依依向我不忍别，谁似峨眉半轮月”（陆游）；“愁中巫峡暮云合，望里峨眉秋月斜”（王士祯）；“飞来一片月，相忆卷帘看”（朱彝尊）；“佛灯寒照寂无声，云翠四围山吐月”（刘豫波）。而“象池夜月”是峨眉十景中最富有感情色彩的一景。天花禅院旁有一直径约三四米的六边形明月池。相传当年普贤菩萨骑象上金顶，曾在池中汲水洗象。乾隆年间，僧人塑一石象置池畔，又安放与大象脚印相仿的石板，增强了传说的真实性，于是改称洗象池。这里海拔2070米，居峨眉山之腰，无边的林海净滤了空气，天空澄碧，月从墨黑挺拔的冷杉树梢升起，格外明净清朗，真是“月到此地倍有辉”。

据民国三十六年（1947年）中国文化服务社印行的黄大受的《峨眉风光》一书剖析：“峨眉山看月最好的地方，是洗象池，因为洗象池上去还有山，背后也是山，只有前面开阔，附近树木也多。金顶虽然高，可是没有陪衬，只是对天看月；洗象池以下，山峰重叠，树木大多，风光不及洗象池观月是十全十美。所以‘象池夜月’，成了峨眉十景之一，有些和西湖的‘平湖秋月’比美呢！”每当月夜，云收雾敛，遥天一碧，万山沉寂，秋风送爽，一轮明月斜嵌在洁净无云的蓝空上，唯有英姿挺拔的冷杉林，萧萧瑟瑟，低吟轻语。月光透过茂密墨绿的丛林，大雄殿、半月台、洗象池、初喜亭、吟月楼，沉浸在朦朦的月色里，肃穆，恬静。月光下，古刹似一侧卧的大象头，蓝天映衬，剪影清晰。大殿似额头，两侧厢房似双耳，半月台下的钻天坡石阶，又好似拖长的象鼻。不知是巧合，还是寺庙设计师的匠心独具。

皓月高悬，满天清晖，千山月色，柔和似水，游者仿佛步入广寒天宫。峨眉山上月，千里若为看。依旧峨眉山，明月照清澈。明末清初的大思想家顾炎武，面对峨眉月，也感情激发地留下“洗象池边秋夜半，常留明月照寒林”这诗情并茂的联语。

月移中天，六方小池内，一汪清泉，一轮明月恰好映在池中，两月相对，天上人间，浑

然一体。传说诗仙李白死于“水中捞月”，这仅是传说故事，但他最爱月亮，特别是峨眉山月使他眷恋一生，情意相连却是真实的。诗人离开蜀地，辞亲远游，在平羌江上吟出“峨眉山月半轮秋，影入平羌江水流”（《峨眉山月歌》）的千古绝句。直到晚年流放归来，在异乡还吟诵着：“我在巴东三峡时，西看明月忆峨眉。月出峨眉照沧海，与人万里长相随。”并引吭高歌：“一振高名满帝都，归时还弄峨眉月。”（《峨眉山月歌送蜀僧晏入中京》）近年新修了待月亭，供游人观赏。有联咏颂道：“色相久成空，招白云还山，猛抬头，见娟娟明月；声闻何用静，有青杉绕屋，又倾耳，听浩浩松涛。”

白水秋风　万年寺，晋时名普贤寺，唐时改为白水寺，宋为白水普贤寺，明万历年间又改名为圣寿万年寺。“白水为万年寺的代称。寺幽名白水，金碧绚中天。池面临三四，峰头对百千”（方孝孺《白水寺》）。寺内一池，名白水池，相传为唐李白听蜀僧浚弹琴处。李白在《听蜀僧浚弹琴》诗中云：“蜀僧抱绿绮，西下峨眉峰。为我一挥手，如听万壑松。客心洗流水，余响入霜钟。不觉碧山暮，秋云暗几重。”池内蛙鸣如琴，民间传说是蛙学得僧浚弹琴的高手妙法。万年寺的山景四季宜人，尤其是在秋天。每逢金秋，峨眉山下夏暑尚存，金顶三峰已初飘白雪，而位于中山地区的万年古刹，正处在一年中的黄金季节。从白水池畔四望，秋高气爽，蓝空分外明净、高远、辽阔。缕缕白云缠绕着寺后陡峭的观心坡，坡上绿叶、黄叶、红叶相间，与蓝天共一色。秋风吹拂着峰峦，摇撼着丛林，发出声声呼啸，片片橙红的枫叶在空中随风飞舞。应和着秋风，横穿古寺而过的涧溪潺潺低吟。流水，秋风，树涛，强声低音交错，如同一曲浑厚深沉而又流畅自如的森林交响曲，为飘飘红叶伴舞。清人刘儒在《大峨山》一诗中不忘赞美秋景：“天下峨眉秀，乘云结胜游。龙吟千涧雨，树点万峰秋。”留存在古寺的诗文楹联碑刻，对万年寺秋色格外有情，明方孝孺曾有“林放到池月，风吹入户云”的诗句。无名氏有“百里名山通梵唱，万年秋色助诗吟”的对联；当代遍能法师的联语“自水秋风皆妙谛，琼楼玉宇不胜寒”，把万年寺秋景视作玄妙的境界。低首俯看白水池中，澄清的池水映着白云、青山的倒影。风平水静时，池中有山，山中有云，云中有水，分不清哪里是水，哪里是云。秋风乍起时，吹皱一池清水，吹动一池白云。此时，神与物游，心随景色而物化。清人窦镇在《万年寺》诗中感叹：“四围烟绕山腰寺，一面窗收谷口云。白夜试寻明月畔，此中清景评谁分。”古诗云：“三秋水净，白云轻飞；秋风号林，黄叶水。”这恰似“白水秋风”的题景诗。

洪椿晓雨　这是峨眉山洪椿坪特有的景观。以清幽静雅取胜的洪椿坪，坐落在群峰环抱之中。坪上，云雾丰盛，古木葱茏，山鸟长吟，涛声殷殷。清代，释永宣朝拜到此，以《洪椿坪》为题写道：“穿萝觅径入椿坪，楼殿层层鹤篆清。因共雨花看贝叶，漫随山色听溪声。”洪椿坪建于明万历年间，原名千佛禅院，以寺外有三株洪椿古树而得名。寺中一联中说：“大椿以八千岁为春，八千岁为秋。”典出自《庄子·逍遥游》。是以“大椿”来比喻洪椿树的古老和寺庙的历史悠久。清康熙年间，寺宇失火，至今屹立在山门外的一株干枯的洪椿树，就是那次火灾的痕迹。一株枯树，竟经历了数百年风雨剥蚀而不朽坏，实在是堪称奇迹！在寺外坡下，还有一株枝叶繁茂的洪椿树，据植物学家确定，也已有1500年的历史了。春夏雨后初霁的早晨，山野空气格外清新，微带凉意，寺宇庭院一尘不染，整洁雅致。此时，山林中，石坪上，庭院里，落起霏霏的“晓雨”。这“晓雨”，似雨非雨，如雾非雾，楼阁、殿宇、花木、山石、游人、影壁和壁上“洪椿晓雨”四个大字，以及庭院右侧的林森小院，一切都似飘忽在迷茫的境界中，呈现出一种虚无飘渺的朦胧美。游者或倚立庭院，或漫步寺外，仿佛周身被“晓雨”润湿，但抚摸衣装，丝毫没有被雨水浸湿的痕迹，却顿感清凉和舒适。清康熙四十一年(1702年)，康熙皇帝御赐“忘尘虑”匾额、“锡飞常近鹤，杯度不惊鸥”联；乾隆十年（1745年），乾隆皇帝题赠“洗钵泉和暖，焚香晓更清”联；乾隆五十五年（1790年）经峨云禅师扩建，成为山中大刹；民国二十八年（1939年）七月，国民政府主席林森在洪椿坪避暑期间，题赠“护国佑民”“大雄宝殿”匾额和“洪椿坪”寺额，至今仍存。有乾隆皇帝题写的“性海总涵功德水，福林长涌吉祥云”对联。第一重大殿的门楣两侧，为清末四川什邡名士冯庆樾撰的“双百字联”：“峰眉画不成，且到洪椿，看四壁苍茫；莹然天池荫屋，冷然清香当门，悠然象岭飞霞，皎然龙溪飘雪；群峰森剑笏，长林曲径，分外幽深。许多古柏寒松，虬

枝偃蹇；许多奇花异草，锦绣斑斓。客若来游，总宜放开眼界，领略些晓雨润玉，夕阳灿金，晴烟铺锦，夜日舒练。临济宗无恙，重提公案，数几个老辈；远哉宝掌住锡，卓哉绣头结茅，智哉楚山建院，奇哉德心咒泉；千众静安居，净业慧因，毕生精进。有时机锋棒喝，蔓语抛除；有时说法传经，蒲团参究。真空了悟，何尝障碍神通，才感化白犬衔书，野乌念佛，修蛇应斋。”其中“晓雨润玉，夕阳灿金，晴烟铺锦，夜月舒练”数句，描述的即是“洪椿晓雨”等洪椿坪诸景色。寺外山崖上的两株洪椿古树，一株仅存下段，枯而不朽，常被人视为“神树”；一株漂浮在“晓雨”的空朦里，树影婆娑，似灰绿的云团，又似层叠的浅山。雨因树更奇，树因雨更妙。所谓“晓雨”，科学家解释是雨后初晴时，山林中饱和的湿度，经过凉夜的冷却而蒸发不散的大气。“山行元无雨，空翠湿人衣”。唐代大诗人、山水画大师王维《山中》的这一佳句，再现了“洪椿晓雨”的意境。

九老仙府　九老仙府是仙峰寺与九老洞的统称。“寺号仙峰，洞临九老；山迎佛顶，台接三皇”。仙峰寺第一座大殿前石柱上的这一幅石刻楹联，概括了“九老仙府”的主要景点。对旅游者最有吸引力的，是离仙峰寺右侧 0.5 公里的九老洞，全称九老仙人洞。相传九老洞是仙人聚会的洞府，许多神仙故事，给它蒙上了一层扑朔迷离的神奇色彩。洞位于仙峰寺右侧山腰，藤萝倒植，下临绝壁。洞口呈“人”字形，高约 4 米。洞内黝黑阴森湿润，能直立行走的通道仅 120 米，往前岔洞交错，深邃神秘，未探明前，人多不敢入内。九龙洞大门楹联是：“问九老何处飞来，一片碧云天影静；悟三乘造空望去，四山明月佛光多。”明崇祯年间，少詹事兼翰林院侍读学士胡世安三次游历峨眉山后，在《登峨山道里记》一文中说：“最奇者，莫如九老仙人洞。昔黄帝访广成子天皇真人游此，遇一叟洞外，询‘有侣乎？’答以‘九人’。今名以此。”所谓九老，即天英、天任、天柱、天心、天禽、天辅、天冲、天芮、天蓬。明清以来的旅峨游记，多有“烛独行三十余里，闻鸡犬鼓乐声，蝙蝠如鸦扑炬”的叙述，语多矛盾。近人林散之的《九老洞》诗写道：“山雨不可晴，秋径没蒿莱。大坪何兀兀，九老尤奇哉。洞古潜蚊螭，风云时徘徊。松翠自波涛，半空起层台。

此中有驯猿，时时清啸哀。老僧唤之来，饲之以青梅。相依两摩挲，情好如婴孩。我叹天地间，万物何相催。人与物无连，物与人何猜。”九老洞位于九老峰下海拔 1752 米处。经过九莲池，前行约 500 米，穿过密密的杜鹃、箭竹林丛，便到了洞口。洞口高踞在仙峰岩，下临黑龙潭，有陡直的天然磴道通向洞中。磴道两侧有牢实的石桩护栏，接连洞口，使人感到险而不危。进洞 130 米，洞道平均高宽约四五米，宽适易行。人一进洞，洞内如乌鸦般的大蹄蝠、金丝燕，成群地向你扑来，使你冷汗如珠。过一会儿平静如故。再往前行，有石床、龙泉、仙桥……传说为仙人所造，实际为天生之物。主洞道尽头有一石龛，供着一尊神像。据《龙城录》一书记载，说他是公元 8 世纪中叶，隋代开皇年间眉州太守赵仲明，因治理岷江、青衣江、大渡河水患造福一方，老百姓拥戴他为主川之神，仙居其中，故供奉。民间又传说他为《封神榜》中的财神爷赵公明。再前行，为大小不同纵横错落的 67 个岔洞。九老洞为峨眉山著名的岩溶洞穴，在长达 1500 多米向下延伸的通道内，有一个全封闭型的观赏空间，它首先呈现出的是多变的空间美。第一段为浅部，人可直立行走。它有比较宽大的厅堂，廊道式洞穴，如水晶洞、燕子洞。第二段为中部，开始出现岔洞，至此仅能蛇行。这一段是九老洞的主体部分，多系网状交叉形的宫型洞穴，洞中有洞，洞下有洞，上下重叠，纵横交错，仅在洞穴交错处，形成较大的洞穴或竖井，如虎牙洞、石笋洞、迷宫洞。第三段为深部，主要是裂隙型洞穴，一条阴河时而沿裂隙渗出，时而蜿蜒隐入洞底。给人更多美感的是，洞壁和洞顶天然雕琢的岩溶造型，绚丽多姿，启发人们产生自由而丰富的愉快联想。洞内的石钟乳、石笋、石柱、石芽、石花等等，或如万剑悬垂，雨后春笋；或如巨型盆景，微型石林；或如奇花蕙草，异兽珍禽；或如仙女下凡，和尚念经……俨然是一座古朴而新奇、典雅而森严的艺术宫殿，令人惊喜异常。

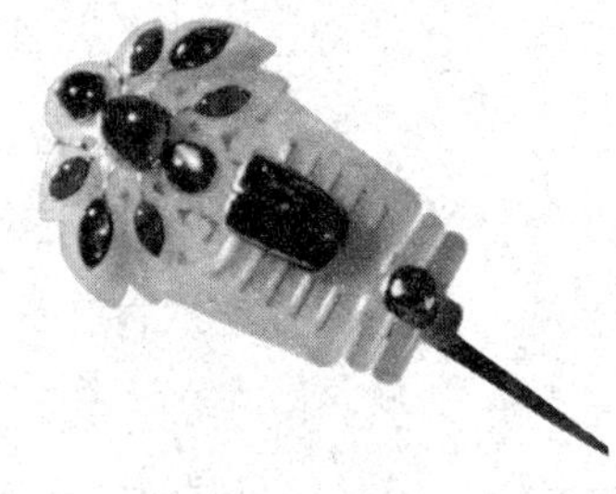

灵岩叠翠　灵岩寺遗址位于高桥左侧，距报国寺西南 5 公里，相传为中印度僧人宝掌结茅处。隋唐年间创建，曾改名护国光林寺、会福寺。明洪武、永乐年间重建，仍称灵岩。明代是灵岩寺的鼎盛时期。谭钟岳的《峨眉图志》载：“寺字四十八重，僧众千计，由山门至后殿有十余华里。”其规模之宏大，僧侣之众多，香火之旺盛，在峨眉山寺宇中首屈一指，故有“九处过堂（吃斋饭），十处烧香，烧香要骑马”的说法。殿宇重叠，密林掩映，丹岩凝翠，呈现出灵岩层层叠叠的雄峙壮观，“灵岩叠翠”便成为峨眉十景之胜。刘君泽在民国三十六年（1947年）出版的《峨眉伽蓝记》中，虽说“寺字四十八重，僧众千计，未免侈信”，但仍不能不承认：“峨眉高峰俯，临殿阙，叠叠青翠，秀丽庄严，丘陵拥卫，山溪龙蟠，乔木千章，森森环列，我选胜地首数灵岩也。”古刹历经兵焚到20世纪60年代已全部毁坍。而“灵岩叠翠”的自然景色却依然如故，去灵岩，看叠翠，仍有“仿翠摹青情不尽”的感受。

灵岩地处峨眉金顶三峰的后山麓。从灵岩寺遗址向北眺望，迎面便是一幅万山重叠的天然图画。近处，青峰绵延起伏，茂林修竹，点缀其间；远处，万佛顶、千佛顶、金顶宛如巨型翠屏横亘天际，气象雄伟，三峰挺拔而柔和的轮廓线十分清晰。重重叠叠的波峰，由低至高，由近至远，青翠的山色由翠绿到黛青，到灰蓝，到灰白，层层深远开去，一直延伸到与蓝天的分界线，层次极为丰富，正如谭钟岳在另一首诗中写的：“灵岩翠秀耸高台，遥望天门跌荡开。”金顶三峰的景色多彩多变。初春时，山麓盛开一片黄灿灿的油菜花，春意荡漾；山腰密叶繁枝，时如盛夏；半山上片片泛黄的树叶，似带秋色；山顶却堆砌残雪，又像处在严冬。从山下观望峨峰三顶，有几处绝好的地方：在山东麓的连香坝，在低山的会灯寺，在中山的白龙洞古德林。但皆不如在灵岩遗址那样逼近、开阔，可从更深的层次上静观峨眉山另一美妙、奇幻的侧影，欣赏“叠”刚与柔、壮与秀相依互存的美，因而神思飘荡。明人章寓之的《游灵岩寺》道出这种心态：“灵岩一径入青苍，雨后昙华隔水香。方外欲偷闲半日，绕廊翻觉觅诗忙。”

大坪霁雪　大坪，危耸于黑白二水之间，一峰突起。位于峨眉山的中部，左与华严顶、长老坪、息心所、观心坡诸山比肩相望；右有天池、宝掌、玉女、呼应诸峰，四绕回环；牛心顶鼎峙于前；九老洞屏临于后，海拔1450米。山势险峻，孤峰脊岭，仅东北两侧各有一陡坡上下，东面蛇倒退险，北面猴子坡高，悬崖绝壁，行者如走在刀背之上，罕见人迹。峰顶平坦，林木蓊郁，云霞幻变。

相传大坪有五奇："猴回娘家""蛇不咬人""黑虎巡更""乌鸦请客""仙姑弹琴"（弹琴蛙）。而自然风光还有一奇，即"大坪霁雪"，为峨眉山十景之胜。有诗为证："禅院清凉别有天，偶来净土识真禅。晴光晃映雪光朗，心目空明照大千。"

每年秋末，金顶开始飘雪。立冬一过，大坪已是雪花满山飞舞，纷纷扬扬，一株株挺立的常绿乔木，如琼枝玉叶，白塔凌空。严冬时，峨眉山处处雪树冰花，全山宛似银色世界。明代四川嘉定诗人蔡祯的《三峨雪霁》云："三峨天下壮，秀色接青旻。绝巘千秋雪，危峰百仞银。日临观宝气，云敛见仙人，中有蓬莱客，丹砂远俗尘。"吴祖光在《雾里峨眉》一文中评说："雪景最大特点是白雪压在绿枝上。在别的地方的冬天，雪下只有枯萎了的枝条。"经过一冬雪花的浓妆淡抹，大坪和周围的群峰，变成洁白的一片净土。赵循伯的《峨眉山》一书描述大坪冬景说："冬季晴雪初霁，杉条掩盖，咸如瑶树琪花。仰视则九岭冈如屏风九叠，横遮天半；俯眺青莲、白云、宝掌、天池诸峰，玉琢银妆，弥望一白，备极幽峭精绝之胜。晴雪初霁，伫立在大坪以上高海拔的山峰上，鸟瞰大坪是另一番幽峭精绝的冬景。大坪和环绕四周的群峰，组合成一朵庞大的雪莲花：大坪如同花芯，丛丛参天古树活像花蕊，周围的峰峦宛似一裂裂花瓣。这朵洁白的雪莲花，正展瓣吐蕊，盛开在峨眉山的腹部，盛开在广阔无垠的天地之间；冬阳下，白中泛红，温润晶莹，冷艳妖娆。倘若在后山的霁雪亭，倚阑静观，举目回望，游者如同身处于雪莲花之中，飘然有羽化成仙之感。""大坪霁雪"凝聚着峨眉雪的形色美。宋代诗人白约在其《游峨杂咏》中叹曰："岩静长留雪，山寒故放花。"

萝峰晴云　萝峰位于伏虎寺右侧，是伏虎山下一座小山峦。这里草丰竹秀，涧谷环流，古楠耸翠，曲径通幽。山峦上，数百株古松奇枝异态，苍劲挺拔，是峨眉山上少见的松树聚生地。山风吹过，阵阵松涛回荡在山谷之间，颇有"松威"气势。夏季雨后初晴时，烟云从涧谷袅袅升起，或从蓝空缓缓飘过，从密簇簇的松林中望去，变幻百出：有时朵朵白云从伏虎岭飘下，飘到萝峰顶上，飘到游人身旁，缠绕在松树之间，时而飞舞轻游，时而飘向岭下的峨眉平原，显示出峨眉云彩多变的流动美。"云从石上起，泉从石下落。

多少游山人，长啸倚山阁。晓钟有云出，晚钟有云归。游人应未惯，忽讶云生衣”。明代文学家杨慎《归云阁》诗中所描绘的“云出云归”图，恰似萝峰晴云景象。归云阁即华严寺，已废，遗址距萝峰 1.25 公里。

萝峰晴云是美的，萝峰晴月也是美的。明月升到山顶上时，蔚蓝色的天空，映衬着明月，看不出明月是嵌在蓝天上的，还是画在蓝天上的。月光照着松林，伴着松涛声，使人有一种洁净、清凉的快感。

萝峰也是鸟瞰峨眉平原的最佳所在。登峰远眺，峨眉平原的勃勃生机尽收眼底。当轻云从伏虎岭飘过萝峰，飘下峨眉平原时，游者身在云中，顿有天上人间之感。萝峰景色素为古人向往和留恋。清代康熙年间，太史蒋超仰慕峨眉山，看中萝峰的晴云烟岚，日落月升，便住在萝峰下的罗峰庵里，夜以继日，以病弱之躯，草成一部较完整的《峨眉山志》，给后人留下了一份宝贵的文献。后蒋超也终老峨眉山了。罗峰庵，又名罗峰禅院，是一座雅致的小庙，已于 1987 年 6 月重建。翠竹掩映，桢楠蔽日，绝尘脱俗。门联一副：“一尘不染三千界，万法皆空十二因。”庵后为新建的和尚塔，墓塔林立，庄严肃穆。峨眉山的高僧大师们，都把萝峰视为他们圆寂后的归宿地。谭钟岳的《萝峰晴云》咏史写景，眷恋舒卷的晴云：“峰庵到此学仙余，太史虎臣曾结庐。跨鹤飞凫踪已渺，晴云一片卷还舒。”

五、峨眉派的武术源流

峨眉派武术流传到今天，已经成为巴蜀武术的代名词，因其源头在峨眉山，故名。

（一）起源于春秋战国

在我国武术界，峨眉派与少林派、武当派三足鼎立始于明代，而他们的历史渊源可以追溯得更为久远。可是，由于历史资料的匮乏，能够找到这三派起源的记载寥若星辰。目前关于这三派的起源，都只有传说。

少林派相传是南北朝时期来华的古印度高僧、中国禅宗始祖达摩创立的。武当派相传是明初著名道士张三丰所创。而峨眉武术的起源说法颇多，有的学者说是唐朝，有的说是元代。但是，有史料记载且广泛流传的说法是始于春秋战国时期的武士司徒玄空。据说当时有位武士名叫司徒玄空，号动灵子，耕食于山中，在与峨眉灵猴朝夕相处中，模仿猿猴动作，创编了一套攻守灵活的"峨眉通臂拳"，学徒甚多。由于司徒玄空常着白衣，徒众尊称他为"白猿祖师"或"白猿公"。2001 年出版的《乐山志》卷五十三《人物志》记载：战国时，有白衣三者，号动灵，亦名司徒玄空，仿山猴动作创编"峨眉通臂"，攻防灵活，在峨眉山授徒甚众。1989 年四川科技出版社《四川武术大全》称为"春秋战国白猿公，字衣三，即峨眉山的司徒玄空"。《中国武术史》记作"战国白猿，姓白名士口，字衣三，号动灵子"。据说司徒玄空还创编了"猿公剑法"，与玄女剑法、越女剑法并称为当时的三大剑法，也成为剑法始祖。现"峨眉剑"正是根据此剑法发展而来的。明代抗倭名将唐顺之的《峨眉道人拳歌》中有两句"道人更自出新奇，乃是山中白猿授"，这与"白猿祖师"的说法一脉相承。

（二）自成体系于南宋

魏晋时期，道教和佛教先后传入峨眉山。道士们通过“吐纳、导引、坐忘、心斋、守一”等内练发门，达到意气相连、气神合一的境界，为的是祛病延年以求长生不老。僧人除了参禅打坐外，也常常练拳踢腿，舞枪弄棒，一为调节枯燥的经课，二为强身壮体，三为护院守寺。他们将道教的养生气功和山民的狩猎技艺杂糅在一起，开创了独树一帜的僧门武术。

到了南宋建炎元年（1127年），峨眉山临济宗白云禅师创编了“峨眉临济气功”。据已故中国佛教协会副会长巨赞大师（1908—1984年，江苏江阴人）研究考证，白云禅师原为道士，后皈依佛门。他精通医学，将阴阳虚实和人体盛衰之机理，与武术中的动静功法相融汇。这种集医、道、佛、武术精华于一身的独特功法有十二节，后人称之为“峨眉十二桩功”。在此基础上，后来又有人发展起了静功六大专修功：虚步功、重锤功、缩地功、悬囊功、指穴功、涅槃功。其中指穴功——三十六天罡指穴法最具威力。

南宋时期，峨眉山德源长老模仿猿猴腾跃翻滚动作，创编猴拳。因为德源长老眉毛纯白，人称“白眉道人”，故这种拳术也叫“白眉拳”，一直流传至今，现在广东、四川、香港、澳门和北美、欧洲的华人，都有练习的。德源长老还编写了《峨眉拳术》一书，从理论上对峨眉武术实践作了系统的总结。这本书是目前找到的有关峨眉派武术最早的文字资料。学者们认为，该书是峨眉派武术发展成熟并且自成体系的标志。

（三）鼎盛于明清

明清时，峨眉派武术进入鼎盛时期，英才辈出，高手林立，其拳法更为精湛，刀剑枪戟等十八般兵器的技法，也达到了炉火纯青、出神入化的地步。据说峨眉剑是僧人在“白猿二十四法”的基础上逐步完善的，动作严谨、招式凶猛、击法明快、以巧取胜。清末，清音阁李真法师内功深厚，剑术尤精，有“峨眉剑仙”之誉，其门人遍及陕甘。明代著名军事家、武术家程冲斗撰有《耕余剩技》，记述了“峨眉枪法”“白眉棍法”等技艺。清康熙年间，吴殳（号仑尘子，江苏娄江人）著《手臂录》，精确地阐述了峨眉枪法等，其中写道：“西蜀峨眉山普恩禅师，祖家白眉，遇异人授以枪法……莫与架病。枪法一十八扎，十二倒手，攻守兼备，破诸武艺。”在峨眉枪法中，有治心、治身、动静、攻守、审势、戒谨、倒手等技法，大大丰富了峨眉派武术的理论。

清代，峨眉僧道先后创编了浪子燕青拳、六乘拳、乌龙拳、八卦拳、虎爪拳等。仙峰寺神灯长老和紫芝洞清虚道长，与大江南北、长城内外的各派武林高手交流，尔后回到峨眉山，苦心编出“峨眉子午门武术”，以其多在每天的子、午二时练习而命名，包括子午拳、子午枪、子午剑、子午刀等器械技法。

峨眉派中有一种独特的器具——峨眉刺，形似女人的发簪，在特定条件下可以当做刺杀武器；还有玉女拳等功法。有些武侠小说将这些神奇功法和器具加以演绎渲染，甚至借虚构的武林高手之口，推衍出峨眉派武术为某些尼姑、女侠开创，使不少人对峨眉武术源流产生种种误解，很需要正本清源。

在长期的历史演变过程中，峨眉派逐渐形成了自己的特色，与少林派、武当派相比较，最明显的区别在于它特别强调内外兼修，既重视内气的修炼，又讲究形体的结合，似快而慢，似柔而刚，刚柔并济，长短并用。少林派为僧人所创，武当派系道士创编，而峨眉派是僧道共创，它在传承中善于吸收和融会其他门派的功法，也给其他门派输送了血液。他们在相互切磋中取长补短，不断推陈出新。隋末，云游到峨眉山的河南嵩山少林寺武僧云昙，就曾将少林拳法传授给峨眉僧人。明代洪武年间，著名道士张三丰曾到峨眉山传道，并向峨眉僧人学习火龙拳、通臂拳等，尔后回到武当山创编出内家拳。清乾隆年间，善擒拿术的江西武术大师杜观印，来四川传授“杜门拳”。光绪年间，广西桂林有姓周号大侠者到峨眉山与武僧共创“字门拳”。经过一代又一代巴蜀和其他地区武林人士的潜心研究、艰苦砥砺，峨眉派武术不断地发展、丰富、创新，逐步走向完善。

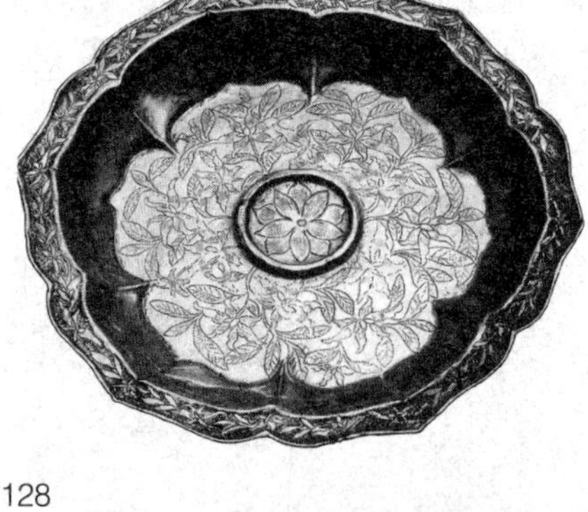

（四）弘扬于当代

清末以后，由于洋枪洋炮的输入，三大派武术都渐渐式微了，但是仍有许多民间人士以强身健体为目的而习武，只是越来越少了。1983年四川省体育运动委员会为抢救、挖掘和弘扬峨眉派武术，征集到许多武术资料，采访了巴蜀境内数千名 60 岁以上的老拳师，对他们的技法进行录像，收集到了 68 个门派的 2368 种徒手、器械、对练套路、练功方法和技击项目。当代峨眉派著名武僧海灯法师（1902—1989 年，俗名范无病，四川江油人）曾在其家乡设馆授艺，培植了不少弟子。

峨眉神功在海外也有流传，现在英国、美国、加拿大、意大利等都有峨眉派武术馆。近 20 年来，为振兴峨眉派武术，先后设立了四川省武术馆，先后设立了四川武术协会；乐山市、峨眉山市、夹江县、眉山市和成都市建起了多所武馆和武术学校；峨眉山市政府开始在中小学里推广武术操，从少年儿童抓起。也有不少外国青年到乐山、峨眉山学习峨眉派武术。峨眉武术表演团多次在峨眉山、乐山、成都、重庆、北京、深圳、香港和马来西亚等地表演，以彰显之。2002 年 9 月，在峨眉山举办了“少林武当峨眉三大门派武术精英赛”，一时高手云集，赛事精彩纷呈。

2004 年 9 月，香港武侠小说大师金庸到峨眉“中秋论剑”，看了峨眉派武术表演后，愧言以前不了解峨眉派，完全凭自己的想象描写峨眉派人物与技法，表示今后要对作品中的不适当之处，进行修改。

成立于 2004 年夏的中国峨眉武术研究会，会员迅速发展到 500 多人。他们正在认真整理峨眉派武术资料，研究弘扬之法，推广养生功，积极从青少年中培育武术尖子。我们相信，通过政府、社会、民间多方面共同努力，源远流长、博大精深的峨眉派武术一定能再创辉煌，与少林派、武当派并驾齐驱，使武术这一中华瑰宝得以发扬光大。

六、峨眉山的佛教文化

（一）佛教初传

关于佛教何时传上峨眉山，有汉代和晋代两种不同的说法。

汉代说主要依据有二。一是明末清初胡世安《译峨籁·宗镜记》载："汉永平中，癸亥（63年）六月一日，有蒲公采药于云窝，见一鹿，异之，追之绝顶无踪，乃见威光焕赫，紫雾腾涌，联络交辉成光明网，骇然叹曰：'此瑞稀有，非天上耶?'径投西来千岁和尚告之，答曰：'此是普贤祥瑞，于末法中守护如来，相教现相于此，化利一切众生，汝可诣腾、法二师究之。'甲子奔洛阳，参谒二师，具告所见。师曰：'善哉，希有！汝得见普贤，真善知识。……菩萨依本愿而现相于峨眉山也。'"清《峨眉县志》续补"蒲公归而建普光殿。"以上是说，63年，药农蒲公见鹿迹，寻踪至山巅，抬头看到佛光，十分惊讶，向宝掌和尚请教，宝掌说是普贤祥瑞，请他向洛阳白马寺的腾、法二师进一步了解。他们也说是普贤菩萨现身于峨眉山。

依据二是因为在民国时期在邻近的乐山发现了东汉崖墓上有浮雕佛像。乐山众多崖墓的题刻中，有永平元年（58年）等年号，比建于68年的全国第一座佛寺——洛阳白马寺的年代还要早。因此，既然离峨眉只有30多公里的乐山有东汉佛像，那么东汉时期佛教传到峨眉山也是合理的了。

晋代说依据是铸于明嘉靖年间的圣积晚钟铭文，在"皇图"栏中，刻了两晋至明代支持峨眉山佛教的帝王、官员和高僧名讳，第一行是"晋祖武帝，司空净禅师"。这说明主持铸钟的别传禅师认为峨眉山的佛教开始于晋代，是想告诉后人佛教在晋代时就已传上了峨眉山。

至于佛教到底何时传入峨眉山，还有待学者去考证。

（二）普贤道场

普贤是佛教传说中的人物，依梵文音译为

“三曼多跋陀罗”，意译“遍吉”。据《悲华经》介绍，普贤名泯图，又叫遍吉。传说他是古印度转轮圣王的儿子。“他入山求道，饥寒病疠，枯坐蒲团，是曰普贤。普贤者，苦行也。”佛经又说：“普贤菩萨，证穷法界，久成正觉，为辅释迦，度脱众生，隐本垂迹，显菩萨相，其德无量无边，不可思议，今且约‘普贤’二字，以示其概。”普贤与其兄文殊同为佛祖释迦牟尼的左右胁侍，与佛祖共奉一台，称“华严三圣”，因为他们崇奉的经书主要是华严经。在佛教中，文殊主智，重在阐述佛教理论，智之勇猛精进莫若狮，故文殊骑狮，称“大智文殊”。普贤主行，侧重实践愿行，行之谨慎静重莫如象，故普贤骑象，称“大行普贤”，其德无量无边不可思议，名号亦无量无边不可思议。他乘坐的六牙白象，在佛教中也有着特殊地位，称为“象王”，故普贤也叫做“象王菩萨”。

中国佛教说峨眉山是普贤的道场，依据是《华严经》：“西南方有处名光明山，从昔以来，诸菩萨名曰贤胜，与其眷属？（门徒）诸菩萨众三千人，俱常在其中而演说法。”本来这里的“西南方”是指古印度的西南方，中国佛教徒借指为中国西南方，因为峨眉山昼有佛光、夜有圣灯，与“光明”相切，被称作“大光明山”。

今报国寺山门悬挂着“普放光明”巨匾。尽管经书上写的是“贤胜”，也把他当做“普贤”。唐代，禅宗完成了对外来佛教的中国化改造，于是唐代撰写的《杂花经》就明确地将普贤与峨眉山联系在一起：“普贤于道场门化人天等众，现相海于峨眉山中，密引世人而通菩提觉性。”而且僧人还巧妙地将普贤菩萨的“云端现相”与佛光神应起来，将普贤的形象与峨眉山奇妙的自然景观相融汇，这是峨眉山普贤有别于其他地方普贤的独特性。

北宋朝廷对佛教颇为重视，在各地委派了管理僧尼的官员，多方护持佛教。峨眉上的僧官住在白水寺。封建社会的历代皇帝，大多重视佛教在稳定社会、巩固统治中的作用，赵宋王朝也同样如此。据宋人释文莹《玉壶清话》记载：宋太祖于乾德六年（968 年），“敕内侍张重进，往峨眉山普贤寺庄严佛像，因嘉州屡奏白水寺普贤现相也。”太平兴国四年（979 年）嘉州通判王兖奏：“往峨眉山提点白水修造，忽见光相，寺内西南瓦屋山皆变金色，中有丈六金身普贤。次日中午，有二罗汉乘紫云行空。”接着，宋太宗召白水寺方丈茂真到开封，赐以袈裟、经书、法器等，又题诗赞誉。太平兴国五年（980 年）正月，“敕内侍张仁赞往成都铸金铜普贤菩萨像，高二丈，奉安嘉州峨眉山普贤白水寺，建大阁以覆之。诏重修峨眉五寺”。这五寺就是供奉有普贤瑞像的白水寺、黑水寺、华严寺、中峰寺和光明院。茂真遂将白水寺改名为白水普贤寺。高二丈的普贤像如今仍在万年寺（古白水寺）里。它的奉安使峨眉山由唐时的“普贤境界”进而成为“普贤道场”。那铜像是普贤道场确立的标志，是皇家对此的承认。从此，峨眉山普贤道场与五台山文殊道场、普陀山观音道场和九华山地藏王道场并称中国佛教四大名山。

普贤道场形成后，峨眉山寺庙大增，南宋范成大在《峨眉山行纪》中记载的寺庙就多达几十个。到了明代，峨眉山佛教进入鼎盛时期，清中期以后日渐式微，民国时期就衰落了。

（三）佛道并存到佛教盛行

峨眉山早期是道教尊奉的仙山，称第七洞天，是道教圣地。早在公元 1 世纪就建立了以峨眉山为中心的峨眉治。但是晋代以前峨眉山道教的活动情况，却无文献可查，仅有一些神仙的传说，如《搜神记》中说羌人葛由骑木羊上峨眉山成仙，汉人刘向《有像列仙全传》写有史通平、瞿武等人在峨眉山乘龙升仙等等。

据清《峨眉山志》记载：晋代有道士乾明，来峨眉修建了一座乾明观，它与青城山的祖师殿一样是四川境内最早的两座道观。乾明观的建立，结束了峨眉山中道士分散穴居野处的生活，是峨眉道教的一大飞跃。后来南朝宋代著名道士陆修静的到来，使峨眉山的道教有了新发展。

东晋时期，佛教传至峨眉山，打破了道教独占峨眉的局面。他们时而友好相处，时而明争暗斗。南朝宋文帝时期，原住宝掌峰的高僧明果，说服了乾明观部分道士皈依佛教，明果入住观中，改名中峰寺。于是后来便有了明果诛蟒救道的民间故事。

唐代，由于皇室追认老子李耳为祖先，唐高宗李渊、唐太宗李世民都笃信道教，唐玄宗李隆基前期也崇道，因而峨眉山道教在唐代得到迅速发展。开元十四年（726 年），峨眉道长王仙卿和青城山赵仙甫等一同到洛阳参加唐玄宗召开的全国道教大会。王仙卿返回后，即扩建宫观，广招门徒。唐武宗会昌年间灭佛，峨眉山佛教受到沉重打击。而此时也是峨眉山道教最兴旺的时期。唐僖宗时，慧通又中兴了佛教。

宋代，峨眉山被确立为普贤道场后，佛教占了优势。道教不甘式微，采取了“立仙祠、增仙迹、命仙洞”的方法与之抗争。尽管这是为了强调峨眉山本是道教的天下，但对宗教建设本身并没有什么实际意义，后来只好忍痛逐渐向二峨山紫芝洞一带迁徙。如今二峨山仍遗存有清虚楼、玉皇殿、三皇殿、老君殿和纯阳楼等遗迹。

明初，当过和尚的太祖朱元璋令宝昙法师往峨眉山重建铁瓦寺、普贤寺，英宗、神宗更是多次赏赐经书、法器、银两，派大臣进香，以至于百里山峦寺庙广布，峰峰有普贤金像，处处缁流熙攘。万历十三年（1585 年），四川巡抚卫赫嬴为振兴道教修建了吕公祠。崇祯六年（1633 年），崇道的四川监察御史刘宗祥见该祠行将倾圮，不甘道教泯灭，于是捐金维修并扩建，改名“纯阳吕祖殿”。到了清代乾隆年间，峨眉山道士星散，僧人乘机占据道观，重修殿阁，改供佛像，但仍保留纯阳殿的门匾。至清末民初，二峨山的道徒也渐渐消失了。

峨眉山虽然由佛教一统全山，但是佛教以宽容的博大胸怀，吸收了道教许多修身养性的理论，让道融于佛，并且山上许多地方继续沿用道家取的名字，如三仙洞、药王洞、纯阳殿、飞来殿等，留下了仙山福地的沧桑感。峨眉山的这一变化，是中国传统文化儒、道、佛相互融汇的典型表现。尽管峨眉山道教只剩下一些遗迹，但作为一种文化，仍然是宝贵的遗产。“山不在高，有仙则名”。正因为有了仙道佛菩萨，使得峨眉山雄奇秀丽的自然景观蒙上了一层神秘的色彩，同时也增添了扑朔迷离的魅力，才成为闻名世界的名山。

（四）峨眉山佛教佛事活动

峨眉山佛教文化源远流长，博大精深，如果想在短时间内了解佛教文化，最直接的方法就是了解寺庙里的佛事活动。峨眉山僧人严格遵照佛教仪规，坚持朝暮课诵佛节佛事活动。主要寺庙除定期举行法会外，还接办应缘佛事，即应信众要求在寺庙内举办“念普佛”“放焰口”“供天”等佛事活动。

峨眉山普贤文化节是峨眉山风景区管委会和峨眉山佛教协会每年定期举办的一个展示峨眉山风景、人文、佛教的综合性仪式活动，其目的是通过一个仪式、两大法会，集中展示普贤菩萨精勤实践、体性周遍、随缘成德的品质，感悟峨眉山佛教文化的博大与深邃。峨眉山普贤文化节于每年三四月份举办。

为重现大光明山“万盏明灯朝普贤”的盛况，让人充分感悟佛教圣地的绝妙与神奇，峨眉山佛教协会组织承办的“万盏明灯朝普贤”的佛事活动于每月的初一、十五及佛诞日当晚8：00到9：00在普贤道场的核心地点万年寺举办。

在佛教里边，传戒法会是属于最神圣，也是最隆重的一个法会。它的重要性就在于佛教的影响和传统能不能得以延续，法会起到了决定性的作用。根据佛教说法，戒是梵语“尸罗”的意译，意谓戒除恶行，促使身心清净。戒是一切善行的根本，是佛教徒修持的信条，在佛教修持中占有极为重要的地位，佛教徒历来“以戒为师”。传授戒法是使三宝住世、续佛慧命的大事，是为培育合格僧才，适应佛教教务管理和对外佛教文化交往的需要。所谓“传戒法会”，它针对的目标主要是出家人，受戒的出家人在经过学规仪（学习佛教正式的仪表和规范），并经过德高望重的老法师的验正以后，才能正式称之为“比丘”，否则就只能称之为“沙弥”。按照佛教的传统规矩，戒场的要求是非常严格的。传戒一般是不公开、不对外的。

（五）峨眉山佛教文化的影响和地位

峨眉山作为四大佛教名山之一，传名全国，受到各地佛教徒的礼敬巡行，表明了峨眉山普贤信仰在我国佛教信仰史上的重要地位和深远影响，它在促进我国佛教的民间化发展过程中发挥着重要作用。峨眉佛教文化也是我国传统文化的组成部分，有它自己的特色和地位，这就需要我们弃其糟粕，取其精华，继承宝贵的文化遗产，弘扬传统文化。

峨眉山历史文化悠久，由多种文化组成，具体地说，是儒释道三种思想文化的综合体。道士僧人在家时，受到儒家思想的熏陶，必然带进道观或佛门，并有所流露。因此也可以说，峨眉山文化是儒释道在峨眉山的一部融汇发展史，在众多的地域文化中，别具一格。峨眉山佛教文化有三大特色：峨眉山是普贤的道场，之所以地位崇高令人敬奉，主要是因为普贤的“十大行愿”精神，其要旨是教导众生一生行善，特别强调人人奉行人间无争执、和睦相处，这正是古往今来乃至后世的人们所追求的。另外峨眉山供奉的普贤艺术造像十分精美，工艺精湛，它和普贤的“十大行愿”精神一起造就了峨眉山佛教文化的特色之一。大量的佛教艺术和诗文也是峨眉山佛教文化的特色之一，大量的诗僧和文士们的诗文极大地丰富了峨眉山的佛教文化。可以说，峨眉山佛教文化是一部内容浩博、字数千万的巨著，是宝贵的文化财富。另外，峨眉山佛道相融的特殊局面，在国内其他地方是看不到的，这种少有的文化现象，对研究佛道历史和社会发展史学者来说，很有参考价值。

关于峨眉山佛教文化的地位问题，我们应从两个方面来谈，首先，从峨眉山佛教文化在中华佛教文化史上的地位来看，峨眉山不仅是蜀中高僧经常聚会、讲经说法的场所，也是全国各地一些高僧来礼敬普贤的圣地，因而峨眉山佛教在巴蜀佛教中占主导地位。不论在哪个朝代，峨眉山佛教兴旺，则巴蜀各地佛教盛行。反之，则蜀地佛教不振。在过去，佛教在某些时候能起到稳定人心的作用，故历代统治者大都利用佛教，支持佛教。巴蜀离历代京都较远，一旦发生暴动，鞭长莫及。故历代帝王除委派得力可靠的人治理蜀地外，还支持峨眉山佛教，借助佛教来稳定人心、稳定时局。自唐代至清代，帝王们对峨眉山佛教都有赏赐，以示关怀。帝王的支持，使山上佛事越来越兴隆，峨眉山佛教自然也成了蜀地佛教中心。

从全国范围来讲，峨眉山在四大佛教名山排列第三位，有“金五台，银普陀，铜峨眉，铁九华”之说，因而在全国佛教中地位显得十分重要。目前在四大佛山中，只有峨眉山被列入世界自然与文化遗产名录，从声望上来讲，峨眉山的名字又排在五台山和普陀山之前。普贤神光遍及五大洲，近20年来，美国、日本、新加坡、菲律宾、马来西亚、印度、斯里兰卡等国都有佛教徒来朝拜，因而峨眉山佛教在国际佛教界声望很高，起着联结世界各国佛教友人的作用。峨眉山佛教文化不仅在中国，就是在世界上也很有影响。其次从社会地位或从旅游名胜区的地位来讲，峨眉山可同黄山、泰山媲美，它们都是世界自然文化遗产，成为国内外游人向往和旅游的圣地。当代人旅游，不单纯是讲求吃住玩乐，更侧重于在旅游中对文化的享受。旅游文化，可以开阔游人视野，陶冶游人情操，是高雅的文娱活动。神奇的峨眉山佛教文化以其特有的魅力吸引了许多中外游人。峨眉山不仅是四川旅游业的支柱，对当地经济的发展和增长做出了巨大贡献，而且对中外文化的交流也起到了一定的作用。

普陀山

2005年《中国国家地理》杂志社联合全国众多媒体开展了“中国最美的地方”的评选活动，普陀山岛被评为“中国最美十大海岛”之一。普陀山是我国浙江省舟山群岛1390个岛屿中的一个小岛。形似苍龙卧海，与舟山群岛的沈家门隔海相望，素有“海天佛国”“南海圣境”之称。普陀山最与众不同的地方就在于它是一个孤悬于海中的圣山，是世外仙土，佛家圣地。

一、普陀山的地质状况

普陀山地质属古华夏褶皱带浙东沿海地带，形成于一亿五千万年前侏罗——白垩纪，燕山运动晚期的侵入花岗岩构成岩石基础。普陀山也是典型的低山丘陵区，受区域构造控制，形状呈菱形展开，岬角呈北西西向伸延。其地貌因受第三纪新构造运动地壳间歇上升及第四纪冰期、间冰期海蚀作用影响，可分为山地、海蚀海积阶地、海积地、海蚀地四类。

山地

全岛为低山丘陵区，海拔 200 米以上低山约 0.24 平方公里，占总面积 2%。余下均为 200 米以下丘陵地，最高寺院慧济寺建在海拔 291.3 米的佛顶山。山体由坚硬的钾长花岗岩组成，经风化侵蚀，沿垂直角度剪切节理发育而成。山体四周崩塌，形成脊窄壁陡、孤峰突起风景地貌。岛西梅岑山二龟听法石、磐陀石、五十三参石，岛东侧云扶石、海天佛国石，东海岸师石巨岩怪石参差矗立，有“危石若悬，坠石若扶，崩石若斧”之奇。这种千姿百态的岩石，均在燕山运动晚期形成，周围岩体崩塌而形成孤石，经阳光、空气、水分作用，岩石棱角风化，形成奇特的自然景观；花岗岩体沿节理断层错位，断落岩块堆积成门或洞，西天门、凉心洞、观音洞、古佛洞均属此类。

海蚀海积阶地

海蚀、海积阶地由阶段性断块升降和海水进退而形成，普陀山至今保存有完整的五级海蚀阶地和三级海积阶地。其面积占全岛总面积 90%，其中四、五级海蚀阶地呈浑圆状，构成岛上主要山脊。

一级海蚀、海积阶地：海蚀阶地零星分布

在岬角附近海岸，海拔 5 米左右；海积阶地分布于滨海平原、港湾间，如岛西司基湾海积平原，岛东之千步沙、百步沙等。

二级海蚀、海积阶地：高度 10—18 米，典型的地形见于岛东南沿岸金沙湾两侧边缘。三级海蚀、海积阶地：高度 40—50 米，海蚀阶地分布在几宝岭、金沙山——青鼓垒海岸岬角；飞沙岙、大小水浪沙湾、龙湾有完整的海积阶地，系古海湾沉积体。

海积地貌

受构造影响，周多岬角、港湾，湾内沉积物以本地砂砾质为主，其外主要由长江供给的细粒沉积物。东岸和北岸，水动力强烈，涌浪和拍浪直逼滩面，沿岸以砾石滩、沙滩为主。西岸和南岸，水动力弱，潮间带堆积主要由长江供给的粉砂淤泥，发育成宽阔泥滩。其中沙滩全长约 5.17 公里，占全岛岸线的 22%，分布为岛北后岙沙，岛东飞沙岙、千步沙、百步沙，岛南金沙等。沙质自岸向海由粗而细，潮间带以下转为泥质。砾石滩全长约 3.23 公里，占全岛岸线 14.3%，分布岛西北大水浪、冈墩北海岸及飞沙岙东南祥慧庵沿岸一带，呈带状嵌镶在海湾内。飞沙岙东南及伏龙山小山洞对面砾石滩宽 20—30 米，余皆数米。砾石直径大小一般在 0.05—0.5 米间，最大可达 1.5—2 米，由于涌浪、激流冲击，摩擦成浑圆形。

海蚀地貌

普陀山岛周围岬角处，浪击作用强烈，基岩不断破坏，形成多种类型海蚀地貌。主要有海蚀岸、海蚀台、海蚀洞。如法台、心字石、潮音洞。发育于细粒斑状钾长花岗岩中，大潮涌入洞穴，撞击岩壁发出悦耳潮声。潮水涌入时，压缩洞中空气使其扩张，击穿海蚀洞顶，形成海蚀窗口和天生桥。磐陀石位于 V 级海蚀阶地上，花岗岩体沿相互垂直的三组节理风化侵蚀，使周围岩石崩塌形成立方体岩块，经长期风吹雨打，岩块棱角磨损，成球状体，被称为“花岗岩球状风化体”。

二、普陀山的自然资源

（一）海上动物园

以前普陀山由于岛小、山不高，且每年朝山礼佛和游览观光的游客多，所以野生动物生存环境较差。但近年来，普陀山管理局和森林部门十分重视景区环境和野生动物的保护，使得 12.5 平方公里的普陀山野猫、松鼠、鸟类等野生动物逐年增多。据 20 世纪 90 年代初期园林部门组织人员实地观察调查，岛内的兽类有獐、麝、黄鼬、野猫、松鼠、水赖、穿山甲、蝙蝠等五目十二种；鸟类有白鹭、老鹰、兰翠鸟、杜鹃（布谷鸟）、燕子、燕鸥、斑鸠、喜鹊、啄木鸟、广场鸽、赤腹鹰、中鸢等十一目五十二种；蛇类有赤练蛇、乌梢蛇、白蛇、翠青蛇、银环蛇、眼镜蛇、王锦蛇等一目八种；昆虫类有散白蚁、蜻蜓、蚱蝉、樟叶蜂、蟋蟀、菜粉蝶等九目二十七种；水生类有河虾、河鳗、黄鳝、泥鳅、鲤鱼等一目五科七种；两栖类有娃娃鱼、雨蛙、乌龟、蜈蚣、壁虎等三目五种。这些野生动物营造出人与自然和谐的环境，甚至还有的胆大如虎，见到游人不但不怕不逃，还要盯着人要看个究竟，成了“海天佛国”普陀山的一道亮丽的风景，增添了游客们的游兴。

（二）古树名木

普陀山的古树名木与普陀山历史的发展紧密相连，是文明的象征、历史的见证和活的文物，以其独有的自然情趣为普陀山的胜景增辉，给游人以美的享受，是普陀山旅游资源的重要组成部分。

普陀山气候温和，雨量充沛，冬暖夏凉，植被丰富，森林覆盖率达 80%，素有“海岛植物园”之称。据《普陀山志》记载，普陀共有稀有珍贵古树名木 66 种，隶属三十五科，五十二属，其中古树有：苏铁、银杏、桧柏、罗汉松、沙朴、榔榆、桑、香樟、舟山新木姜子、黄连木、无患子、滨柃、珊瑚树、蚊母树、大

叶桂樱（印度毗兰树）等 42 种，以罗汉松、沙朴、香樟、蚊母树和枫香树等居多；属名木的有：普陀鹅耳枥、竹柏、普陀樟、全缘叶冬青、山茶、寒竹（观音竹）等 25 种。全山有古树名木 964 株，其中胸径 1 米以上者 60 株，内银杏两株，罗汉松一株、香樟 41 株、沙朴一株、枫香 14 株、黄连木 1 株。被列为国家重点保护的植物有：普陀鹅耳枥（一级保护）、舟山新木姜子（二级保护）、普陀樟（三级保护）。

普陀山的古树名木首推“地球独子”——普陀鹅耳枥。这株当世珍贵树种生在佛顶山慧济寺的后门西侧，树高 13.5 米，树枝骈出双分，岛上僧尼和群众称它为“夫妻树”。1930 年我国植物学家钟观光到普陀山进行植物调查时发现该树。1932 年，经著名植物学家郑万均先生鉴定，认为确是一新树种，树龄 200 年以上，是世界上唯一的一棵，并定名为普陀鹅耳枥，被列为国家一级保护树种。普陀鹅耳枥是雌雄同株，花单性，雄花于 4 月上旬先叶开放，雌花与新叶同时开放。

树龄在百年以上的普陀樟有近百株。其中普慧庵门前岿然屹立的一株巨樟，有七八层楼高，干围粗达 8 米，枝叶茂盛，浓荫蔽天，犹如一朵遮天盖地的绿色蘑菇云，被称为普陀山“千年古樟”。2004 年 10 月，普陀山千年古樟树上，贴上了大红“缘”字，挂上了彩球，来自全国各地 52 名新人，首次由千年古樟作为证婚人，在这里举行了集体婚礼。

普陀山多古罗汉松，全山树龄在百年以上的有 127 株。其中法雨寺内三株和磐陀庵门口一株，树龄均在 500 年以上。在普陀山的寺前庵后和香道路旁随处都可见到高大挺拔的桧柏。古桧柏亦称园柏，全山树龄在百年以上的有 57 株。法雨寺内一株古桧柏，枝干似虬龙盘曲，苍劲古雅，姿态奇特，吸引了众多的海内外香客游人的观赏或拍照留念，郭沫若先生游览普陀山时给它取名为“龙凤古柏”。

普陀山还生长有抗污染力极强的蚊母树。慧济寺周围有面积约四十余亩的蚊母树林，树龄均在百年以上，为国内少见。法雨寺依山临海，寺后山坡上生长着一片高大的枫香林，每到秋天，红叶相映，为海天佛国增添无限姿色。全山还保存有百年以上的山茶花树 44 株，还生长有银杏、舟山新木姜子、全绿叶冬青、紫竹、刨花楠、全绿叶石斑木等名贵树种。近年来又引进美国湿地松、火炬松、日本花柏、大叶香柏、白榆和华南丛生竹等，大大丰富了普陀山的植物种类。

三、普陀山的风景名胜

（一）普陀十二景

普陀以山兼海之胜，风光独特，四时景变，晨昏物异。其风景点数以百计，可谓风光无限。与其他著名的风景名胜区一样，普陀山也有它的“景中之景”。游览普陀山的历代名人曾凭各自的观感，分别有“普陀八景”“普陀十景”“普陀十二景”“普陀十六景”之颂赞。明代文学家屠隆有咏“普陀十二景”诗，认为普陀十二景是梅湾春晓、茶山夙雾、古洞潮音、龟潭寒碧、大门清梵、千步金沙、莲洋午渡、香炉翠霭、洛迦灯火、静室茶烟、磐陀晓日、钵盂鸿灏。清代裘琏所编的《普陀山志》载十二景为：短姑圣迹、佛指名山、两洞潮音、千步金沙、华顶云涛、梅岑仙井、朝阳涌日、磐陀夕照、法华灵洞、光熙雪霁、宝塔闻钟、莲池夜月。由于有两个十二景，游人各取所好，直到民国时期，普陀十二景仍无定例，往往在屠隆、裘琏所题中各取数景。

莲洋午渡

莲洋即莲花洋，处于舟山本岛与普陀山之间，莲花洋以日本人欲迎观音像回国、海生铁莲花阻渡的传说而得名。清康熙《定海县志》转引《普陀志》云：“宋元丰中，倭夷入贡，见大士灵异，欲载至本国，海生铁莲花，舟不能行，倭惧而还之，得名以此。”

莲花洋是登普陀山进香的必由之航路。旅客的航船行至洋上，如果赶上午潮，就能见到洋面波涛微耸，状似千万朵莲花随风起伏，令人心旷神怡。这就

是游人来普陀山所见到的第一景——莲洋午渡。如遇到大风天，这里则是波翻盈尺，惊涛骇浪，景色极为壮观。曾有渔歌咏道：“莲花洋里风浪大，无风海上起莲花。一朵莲花开十里，花瓣尖尖像狼牙。”莲花洋多数的日子是风平浪静的，旅客们尽可以在航船上放眼莲花洋上的美景。莲洋午渡景观曾为历代游普陀山的文人吟咏，他们蓉

赞叹莲花洋午渡景色，抒发自己游历莲洋的愉悦心情，留下了大量的诗章，如：“波上芙蓉尽著化，香船荡桨渡轻沙。珠林只在琉璃界，半壁红光见海霞。”

短姑圣迹

“短姑圣迹”在佛国山门里东南约300米处。此地旧时原为海滩，滩上有“阔十余米，长百来米，小石自相零附，两侧错列巨细不一形状各异的岩石”，有些石上镌有“短姑古迹”等字样，出没于潮汐浪涛之中，成为旧时的天然船埠。清光绪三十一年(1905年)，普陀山住持了余、莲禅二僧因潮落潮涨，往来船只靠岸不便，遂募资用巨石垒成长达11米、宽8米的石条道头。在未建普陀山客运码头之前，凡前来普陀山参礼进香、观光揽胜者，都得由此登岸。

相传有姑嫂俩发愿礼佛，几年后凑资买船，渡莲洋朝山进香，船刚泊道头，不巧小姑“天癸”来潮，自愧不洁，不敢下船入山。其嫂短其无福朝圣，遂嘱其在小舟中等候，独自怅然进山拜佛去了。不想时近晌午，潮水大涨，小舟与岸相隔，小姑久坐船中，饥不得食，甚为惆怅。正在此时，只见一村妇模样的女性，手持食盒至岸，一边向潮水里投下一些石块，一边踩着这些石块径直来到小姑舟中，说是她嫂子托自己捎来的，放下食盒，便离船而去。过了不久，其嫂进香归来，谈及此事，两人愕然；“其嫂忽然记起刚才拜佛时，瞻仰莲座，只见观音大士衣裾湿着一片，心里顿有所悟，认为这是观世音菩萨所为，忙又进山到观音面前叩拜去了。因其嫂曾在码头“短其姑”，从此，姑嫂泊舟处即被称作‘短姑道头”。道头旁出没于潮水中的石块，传说是菩萨上舟送食时投向潮水里用以踩脚的石块，遂被称作‘短姑圣迹”。

梅湾春晓

梅湾春晓指的是普陀山的早春景色，普陀山也称梅岑，又呼作前湾。据传此地多野梅，庵、篷僧众又多好养梅怡性。所以每到早春季节，遍山野梅，香满山谷，青山绿树，映衬着点点红斑，煞是好看，曾被人誉为“海上罗浮”。在这个季节，每当晴朗无风时日，伫立西山巅，远眺莲花洋，只见渔舟竞发，鸥鸟翔集，海中波涛，道道耀光，山外青山，层层叠翠，美不胜收。若在月夜，则疏枝淡月，岛礁朦胧，幽香扑鼻，更是令人陶醉。在万象更新的春天，历代来游南海普陀名山的文人，都会触景生情，不免联想到人间的岁月流逝，因而怀古、恋今、感物、伤神。

磐陀夕照

“磐陀夕照”说的是磐陀石一带的傍晚景色。由梅福庵西行不远处便可看到磐陀石。磐陀石由上下两石相累而成，下面一块巨石底阔上尖，周长 20 余米，中间凸出处将上石托住，曰磐；上面一块巨石上平底尖，高达 3 米，宽近七米，呈菱形，曰陀。上下两石接缝处间隙如线，睨之通明，似接未接，好似一石空悬于一石之上。相传曾有人牵线横割而过，由此可以证明两石并未相接。磐陀石险如滚卵，如果你站在面前，可能会担心一阵大风，将上面巨石吹滚下来，但它却安稳如盘，亿载未动，万劫不摇，两石永远是这样相累相依。磐陀石顶巅平坦，常见有二三十个旅客在其顶上嬉戏，它却纹丝不动，实在是不可思议的一大奇观。

磐陀石相传是观音大士说法处，石上有“磐陀石”(侯继高书)“大士说法处”“金刚宝石”“西天”“天下第一石”等题刻。磐陀石上凿有石阶，可缘梯上到石顶。每当夕阳西下，石披金装，灿然生辉，人们如能在此时登上石顶，环眺山海，洋洋大观，景色壮奇，“磐陀夕照”便成为普陀山之一大奇观。

历来流传有不少有关磐陀石的典故和有趣的事情，据说《西游记》的西天便在此处，《红楼梦》中“通灵宝玉”又和这里的“金刚宝石”形意相似，因而有许多电视、电影剧组在这里拍摄外景。更有不少朝山的妇女登此石时，拿着自带的金属钱币在石上磨光，带回家去佩挂在儿孙身上，借以“壮胆”“祛灾”。

莲池夜月

“莲池夜月”指的是海印池的月夜景色。海印池在普济寺山门前，也称“放生池”“莲花池”，原是佛家信徒放生之池塘，后植莲花，即称“莲花池”。

莲花池面积约 15 亩，始建于明代。池上筑有 3 座石桥，中间一座称平桥，北接普济寺中山门，中有八角亭，南连御碑亭。御碑亭、八角亭、普济寺古刹建在同一条中轴线上。古石桥横卧水波，犹如人间仙境，美轮美奂！轴线将池一分为二，成为东西莲花池，

周围设有古色古香的石雕栏。

莲花池三面环山，四周古樟参天，池水为山泉所积，清莹如玉。每当盛夏之际，池中荷叶田田，莲花亭亭，衬映着古树、梵宇、拱桥、宝塔倒影，构成一幅十分美妙的图画。夏日月夜到此，或风静天高、朗月映池，或清风徐徐、荷香袭人，更是一番良辰美景，令人流连忘返。

荷花，佛家称之为莲花，是圣洁、清净的象征。佛家认为众生皆有“佛性”，只是由于被生死烦恼所困扰，而没有焕发出自己的佛性，因而还陷在生死烦恼的污泥之中。莲花则“出淤泥而不染，濯清涟而不妖”，故佛教以莲花来比喻“佛性”。唐代诗人孟浩然在《大禹寺义公附中有诗句云：“看取莲花净，方知不染心。”观世音菩萨是普渡众生往生莲邦的“莲花部主”，所以，海印池自然也就与观世音菩萨联系起来了。历代文人在观赏莲池景观时，也就往往把摹景和自己对佛之所悟融会起来。

法华灵洞

沿几宝岭东天门而下，出洪筏房左拐沿小径拾级而上，过古草茅篷(现为民房)，便是普陀十二胜景之一的“法华灵洞”。这里方圆左右巨石自相垒架，形成洞穴数十处：有的有空刻露，伛行可过；有的宽广如室，中奉石像；有的上丰下削，泉涓滴漏，自石罅流出而下注成池。普陀山洞穴虽多，层复出奇，唯此处为最。洞外有“青大福地”“普陀岩”“东南大柱”等题刻。

游普陀山不可忽略法华洞的奇特景观。前人认为即使选景，法华也属佳境，如明洪陈赋诗云：“游山须选峰，峰峰必造极。试问何处佳，法华最奇特。”

朝阳涌日

过仙人井，登几宝岭东望，见岗上有岩斜峙似象，昂首举目，眺望东海，此即为象岩。象岩上侧，犹有驯服似兔的兔岩。象岩以东临海处，复道转折，层梯而下，有一天然洞窟，广不逾丈，却幽邃窍冥。洞外巨石参差，积叠入海。洞面朝东洋，左右挽百步沙与千步沙。每当晴日，清晨在此看日出，观海景，景色壮丽，令人叹为观止。旭日“巨若车轮，赤若丹沙，忽从海底涌起，赭光万道，散射海水，前鲜想曾光耀心目”。所以人们给它起名为“朝阳洞”，并把“朝阳涌日”列为普陀十二景之一。在普陀山见日出，以朝阳洞为先。

朝阳洞也是听潮音的好去处。朝阳洞上原有朝阳庵，据书载，身处此庵，浪涛轰鸣其下，如千百种音乐交响迭奏，别有情趣。作家王鲁彦夫妇曾偕郁达夫在原朝阳庵中下榻，写了一篇散文，曰《听潮的故事》，把这里的潮音作了如下的描绘："如战鼓声、金锣声、呐喊声、叫号声、啼哭声、马蹄声、车轮声、机翼声掺杂在一起，像千军马混战起来……"郁达夫还在诗中写道："雪涛怒击玲球石，洗尽人间丝竹音。"朝阳庵毁于民国初年，1992年在原址修建观日阁。现今的朝阳洞景色包括朝阳洞、观日阁、揽霞亭、六观亭等，并设有茶室、购物商场。古色古香的观日阁，又称朝阳阁，建在朝阳洞上方，濒临瀚海，飞檐翘角，金碧辉煌。阁高18米，长宽各12米，依山起势，蔚为壮观。阁内分上中下三层，设购物、休息、观海三个大厅，周壁陈列"三十二观音"画像，线条流畅，形象生动。中下二层设根雕艺术馆，展示大、小根雕观音佛像百余尊，为海天佛国新增的一独特景观。登阁观日出，眺望东海，更是景上有景。揽霞亭又称朝阳亭，建在朝阳洞左平台上，近崖濒海，每当旭日东升，霞光辉映，景色奇丽。

千步金沙

"千步金沙"在普陀山的东部海岸，南起几室岭北，东北至望海亭。普陀山东侧的一条循山道路名为"玉堂街"，街右沿海即为千步沙，南面过朝阳门为百步沙。千步沙因其长度近千步而得名。

千步金沙，沙色如金，纯净松软，宽坦软美，犹如锦茵设席，人行其上，不濡不陷。曾有诗曰："黄如金屑软如苔，曾步空王宝筏来。九品池中铺作地，只疑赤足下莲台。"此处海浪日夜拍岸，涛声不绝。浪潮嬉沙，来如飞瀑，止如曳练。每遇大风激浪，则又轰雷成雪，豁人心魄。悠忽之际，诡异尤常，奇特景观，不可名状。千步沙沙坡平缓，海面开阔，且水中无乱石暗礁，常为游泳健儿所青睐。夏日里来的游客，千万不要错过这一景观，或在游山之后，赤足行走其上，让海浪亲抚你的脚面，其趣其味，未经亲试者不可想象。或者静静地在沙滩上坐上一会儿，听听潮声。或者干脆换上泳装跃入佛海波涛，它会给你带来无限凉爽。千步金沙并不只是白天很美，每临月夜，婵娟缓移，清风习习，涛声

时发，其清穆景色更为诗意盎然。故有人曾将其与壮丽的朝阳涌日，合称普陀山观绝。

海岸碑坊

海岸碑坊始建于1919年，四柱三门，翠瓦飞檐，上有“南海圣境”“同登彼岸”“宝筏迷津”“金绳觉路”“回头是岸”匾额五重，为北洋政府黎元洪、徐世昌、冯国璋等所题。门柱上刻有楹联：“有感即通，千江有水千江月；无机不被，万里无云万里天”“圣迹著迦山，万国生灵皆乐育；佛光腾海岛，千年潮汐静波涛”“一日二度潮，可听其自来自去；千山万重石，莫笑他无觉无知”，“到这山来，未谒普门当先净志；渡那海去，欲登彼岸须早回头。”

光熙雪霁

光熙峰在佛顶山东南，一名“莲花石”、又名“石屋”。从远处望去，翠绿丛中，峰石耸秀，似莲花，如白雪积峰。

“光熙雪霁”指的是光熙峰的雪后景色，为普陀十二大景观之一。普陀山难得下雪，冬天显得宁静奇妙。但如果你运气好，赶上一场大雪，登上佛顶山，俯瞰光熙峰，犹如碧玉塑就，银装素裹，千树万树梨花开，山色混一，海大抵与冻云齐平。此情此景，你会觉得心清虑净，犹如身临洁白无瑕的佛国净土，舒畅无比。

光熙峰的雪景，是不大容易见到的，但普陀是佛家圣地，佛门弟子常来常往，如果常住静修，就有缘赏识普陀山的“雪霁”风光。

但如果遇不上下雪天，那也没关系，旅客如有意上光熙峰揽胜，那也会是十分美妙的，屠隆有诗云：“心境真开阔，悠然见太虚。光熙峰上立，不动自如如。”

海上卧佛

海上卧佛——洛迦山，现建有圆通禅院、大悲殿、大觉禅院、伽蓝殿、韦驮殿、土地祠、园觉塔等宗教名胜。而令游客印象最深的应该是两座建筑精巧别致的宝塔——妙湛塔和圆觉塔。妙湛塔又名五百罗汉塔，塔院占地960平方米，院门外有青石雕塑四天王立像，门内两侧各浮雕6位天女，塔院左壁为《南海普陀洛迦山五百罗汉塔乐助功德芳名碑》。圆觉塔位于大悲殿南山岙间，塔院面积为 120 平方米，南面照壁刻“万德庄严”四字，东、西角各置石香亭一座，正中设石案供桌，院西有一石木鱼，重达 1 吨，上刻“佛知与不知”五字，向香客游客透露了佛法不可思议的深奥哲理。

茶山夙雾

茶山位于佛顶山后，自北而西，蜿蜒绵亘。山势空旷，中多溪涧。据史载，此处盛产茶茗，山上僧人每每于谷雨前采摘，药用价值较高，可治血痢肺痛。山上还生长山茶花树，树高数丈，每到冬春之交，丹葩被谷，灿若珊瑚林，煞是一番景致。茶山多雾，白色的云雾常随风浮荡，所到之处无不为佛国山川添色。而每在日出之前，茶树林夙雾缭绕，时而如丝似缕，时而氤氲弥漫。此时此刻，如若身处其间，如梦如幻，令人遐想无限。

古代普陀山没有居民，山中僧人自种自食，种茶是住山僧人的一项重要劳作。每到采摘季节，众僧一齐出动，山上立时出现一种“山山争说采香芽，拨雾穿云去路赊”(明·李桐诗句)的繁忙景象。普陀茶山之茶，被人称作“云雾佛茶”，因为此茶树多为僧人所植，因而与山僧谈论“茶山夙雾”也别具情韵。

（二）普陀山三寺

普济禅寺

普济禅寺是普陀山供奉观音菩萨的主刹，始建于北宋，又称前寺。普济寺于清康熙三十八年（1699 年）建成，钦赐“普济群灵”匾额，遂以“普济禅寺”名之。普济寺规模宏大，建筑雄伟，有殿宇九座，其中大圆通殿是寺之正殿，殿正中塑观音像，高约 9 米，两边塑观音三十二应身像，展现观音在十方世界以不同身份出现的各种形象。寺前有御碑亭、海印池、永寿桥、八角亭。寺内中轴线上依次为御碑殿、天王殿、大圆通殿、法堂、藏经阁、方丈殿、内坛，两厢有钟鼓楼、祖师殿、罗汉堂，还有普门、文殊、普贤、地藏四个配殿，称得上是“五步一楼，十步一阁”。其主殿大圆通殿，宽敞雄伟，百人共入不嫌宽，千人齐登不觉挤，人称“活大殿”。

法雨禅寺

法雨禅寺建于明万历年间，位于佛顶山近半腰处，在岛的中部，又称后寺。共有六重殿堂，殿内正中供有毗卢观音像，像后供千手观音，系用香樟木雕刻成天王殿、玉佛殿、九龙殿、御碑殿、大雄宝殿、藏经楼依山取势，分层展开，恢宏壮观。清康熙三十八年（1699 年），康熙帝御书匾额“天花法雨”，遂为寺名。寺中九龙观音殿是将明太祖朱元璋在南京的故宫九龙殿拆建的，金碧辉煌，为建筑艺术之佳品，是全国寺院规格最高的一座佛殿。殿内顶端藻井悬挂一珠球，四周悬着九根竖椽，每椽均雕着昂首舞爪的蟠龙。九龙飞舞，争抢珠球，栩栩如生，巧夺天工。

慧济禅寺

慧济禅寺建于佛顶山上，又名佛顶山寺，是普陀山第三大寺，建筑倚山势而建，颇具江南园林特色。正殿大雄宝殿正中供奉释迦牟尼及二弟子佛像，这是普陀山寺庙中唯一一座主殿不供奉观音而供奉佛祖的寺庙。在岛上最高处供奉佛祖，以示信徒对佛祖的崇敬。

（三）普陀山三宝

多宝塔

多宝塔亦称太子塔，位于海印池东南端，是普陀山唯一保持原貌的最古老的建筑物，它是元代建筑艺术的精品，也是浙江省唯一的一座元代石塔。多宝塔取《法华经》“多宝佛塔”之义而定名，建于元朝元统二年（1334 年）。塔高 32 米，四面五层，有台无檐，全用太湖美石砌成。塔上身三层四面各镂古佛一尊，瑞容妙丽，尤其是观世音圣像，神态温和凝重，给人以亲切端庄之感。背景为十八罗汉，每个罗汉神态各异。每层挑台置石栏，石栏柱端刻有守护天神、狮子莲花等图案。底层基座平台较宽，挑台面栏柱刻有护法神狮及莲花，四周栏下雕有龙首 20 个，张口作吐水状，造型生动。顶层四角饰有蕉叶山花，极具元代建筑风格。此塔系由山僧孚中禅师募资改建，并得到太子宣让王等江南诸藩王资助，遂将塔建成，并在塔旁建造太子塔院。1919 年，印光法师与住持了余、了清等请无为居士陈性良募捐补修。多宝塔为典型的元代建筑工艺，被列为省级重点保护文物，属普陀山三宝之一，康有为曾在塔院假山石上留题“海山第一”四字。每到清晨，附近普济寺等古刹传来钟声，更增幽静。

杨枝观音碑

杨枝庵位于浙江省普陀山雪浪山西、清凉冈下。庵内有被称为普陀三宝之一的杨枝观音碑。明万历十六年（1588 年）抗倭名将侯继高督师海疆，顺游普陀，将历年所得阎立本和吴道子所绘观音像勒石，植碑于宝陀寺（今普济寺）前殿。万历二十六年（1598 年），殿宇毁于兵燹，碑亦遭劫。至万历三十六年（1608 年），宁绍参将刘炳文觅得阎立本观音碑拓本，请名匠重新勒刻杨枝观音碑，并建庵供奉，遂以“杨枝庵”命名。300 多年来，殿宇几经废兴，此碑得以幸存，是普陀山一件艺术瑰宝。石高 2.5 米，宽 1.2 米，中间刻观音大士立像，珠冠锦袍，璎珞飘拔，右手执杨枝，左手托净瓶，袒露跣足，瑞祥庄严。碑石镌“唐阎立本画”，左间刻“明定海备倭梁文、台州庠生刘聚福勒”，下端刻“武林孙良镌”。此画像线条流畅，造型端庄，刻划细腻，刚柔相间，造诣深湛，确系艺术珍品。阎立本是唐初著名的人物画家，官至右相，现传世的画绝少，故宫博物馆藏有《步辇图》，画的是唐太宗接见西藏松赞干布使节的故事，此外尚有历代皇帝像，至于佛像，更是凤毛麟角，据说仅存此杨枝观音，可谓稀世之宝。

九龙藻井

法雨寺九龙殿内最有名的当数普陀三宝之一的“九龙藻井”，系清康熙三十八年（1699 年）御批拆明朝金陵（南京）故宫迁建于此。因有内槽九龙藻井而得名。九龙藻井，精工巧作，栩栩如生，艺术价值极高。藻井按古朴典雅的九龙戏珠图案雕刻而成，一条龙盘顶，八条龙环八根垂柱昂首飞舞而下，八根金柱的柱基是精致的雕龙砖，正中悬吊一盏琉璃灯，宛若一颗明珠，组成九龙戏珠的立体图案，造型优美，刀法粗犷，成于明初，九龙殿之名便因此而得。正中供奉 6.6 米高毗卢观音坐像，后壁为大型海岛观音群塑及善财童子五十三参群像，两旁列十八罗汉。

（四）普陀山三石

二龟听法石

二龟听法石位于磐陀石西，五十三参石下端的岩崖上，因其酷似海龟而闻名。一龟蹲踞崖顶，回首顾盼，似有等候之意；一龟缘石直上，昂首延颈，筋膜尽露，一副着急相。两龟的形态极为传神，令游人叹为观止。相传两龟受龙王之命前来探听观音菩萨说法，只因听得入了迷，忘了归期，遂化身为石。也有传说，两龟原为一雌一雄，因尘缘未绝，在听法时眉来眼去，顾盼传情，所以被罚作石龟，给修行不诚者作戒。前者传得奇，后者传得妙，各有千秋。清人何辰生在诗中说："见说磐陀若地灵，普门曾此坐谈经。二龟何事翻成石，想是当年不解听。"这是对两龟来历的又一种说法。

磐陀石

"上石凌空孤峙，观之若悬，望之欲坠，被誉为"天下第一石"。磐陀石由上下两石相累而成，下石一块巨石底阔上尖，周广余米，中间凸出处将上石托住，曰"磐"；上石 2.7 米，宽近 7 米，上宽下窄，呈菱形，曰"陀"。

上下石衔接处间隙如线，似连似断，好像上石悬空挂在下石之上。"疑天外飞来，似神手搁置"是对磐陀石最相当的描绘。

相传曾有人牵线割过两石交接之处，由此证明二石并未相接，但令人有尝试者却都没有成功过。（一说为每逢大年初一的零时，上石就会漂浮而起，用一根很细的丝线便可以横割而过。）

磐陀石险如滚卵，顶端却安稳如磐，可容 30 人在上游玩嬉戏。石上凿有石阶，可缘梯而上到石顶。

石上有明万历年间抗倭将军侯继高题写的"磐陀石"三个笔力遒劲、势如飞天的大字，最令人惊奇的是"石"字上多了一点，据说侯将军题字时，大石左右摆动，摇摇欲坠，于是他在石字上加了一点，磐陀石便稳稳当当地固定住了。

此外还有"金刚宝石""灵通""天下第一石""大士说法处"等题刻。傍晚时分登顶游览，环眺山海，还可欣赏"磐陀夕照"的壮丽景观。

相传这里就是观音大士的说法处。磐陀石还有不少典故和有趣的故事，据说《西游记》的西天便在此处，《红楼梦》中“通灵宝玉”又和这里的“金刚宝石”形意酷似。

古时更有不少朝山的妇女登此石时，拿着自带的金属钱板在石上磨光，带回家去佩挂在儿孙身上，藉以“壮胆”“祛灾”。

心字石

心字石坐落在西天门下方，方圆约300余平方米，圆浑平滑，中刻一巨大的“心”字，此字长5米，宽7米，周边近50米，中心一点可容八九人同坐，整个字可容近百人打坐，真可谓“心怀博大”，为普陀山最大的石刻文字。据传观世音菩萨曾在此石上讲说“心经”。佛家以修心为上，人们到普陀山礼佛，都喜欢到心字石，或绕着心字环行抚摩，或坐在心字中摄影留念，以作为对佛诚心或人间友情的象征。有《心字石》诗云：“海山胜迹在西天，一字红心耀眼光。恒作人间功德事，是心即佛量无前。”心字石右上方约5米处的峪谷间有一石向外伸展，隐现于草莽荆棘之间，其状酷如蛇头。距此石不远处的西天门西侧又有一石，形肖似蛤蟆，翘首向蛇，坦然自若。传说有一蟒蛇经观音菩萨指点而得道。一天，观音菩萨在蛇背上放上一只蛤蟆，以试蛇心，可那蟒蛇寂然不动，丝毫没有伤害蛤蟆之意，这便是“佛试蛇心”故事的由来。后来便有人在蛇首右左下角平坡巨石上刻了个大大的“心”字，更是妙笔点题，耐人寻味。

（五）普陀山三洞

朝阳洞

朝阳洞在普陀山几宝岭的尽头，延伸于海中的山崖上，因旭日东升，先映此洞，故名。朝阳洞外巨石参差，洞口直面东海，左右挽百步沙与千步沙。在普陀山观日出，以朝阳洞为最，故有“朝阳涌日”之说。黎明时分到此游览，只见一轮旭日“巨若车轮，赤若丹沙，忽从海底涌起，赭光万道，散射海水，前贤想曾光耀心目”。景色之壮观，令人叹为观止。正所谓，晨曦出海，万道霞光如碎金铺海；惊涛拍岸，隆隆潮音似战鼓齐鸣。

潮音洞

潮音洞位于普陀山紫竹林内，龙湾之麓，距停车场仅200米。“潮音洞”这个名称其实是一语双关，一方面因洞穴日夜吞吐海潮，声若雷音；另一方面借“潮音”比喻“佛音”，洞口日夜浪涛不绝，声如观音讲经说法，又如千僧诵经，妙响洗尘，故名。

潮音洞为山石裂隙所成，从崖至脚高数十米，耸起于海滩中。洞半浸海中，纵深30米左右，崖至洞底深约10余米，洞有二门，通明如天窗，潮水奔驰入洞，浪石相激，声如轰雷。涨潮时倚岩俯视，仿若蛟腾足下，险怪百出，声若雷鸣；晴天时洞内七彩霓虹闪现，蔚为奇观，是普陀山十二景之一的“古洞潮音”。洞内怪石交错，犬齿森然，不可容足。此处海岸曲折往复，[f]岩峭壁，怪石层层叠叠。洞底通海，顶有两处缝隙，称为天窗。

石崖上“潮音洞”三大字，系清康熙帝手书。传说此处原来题字为“现身处”，古代信徒们叩求观音大士现身者多在此膜拜。石崖上还刻有“现身处”三大字。据记载，宋元时期来普陀朝山香客，多在潮音洞前扣求菩萨现身赐福。明以后则多去梵音洞叩求观音大士显灵。香客中常有纵身跃下山崖，舍身离世，借以往生西方极乐世界的，也曾有人在此燃指，以求菩萨灵验。到明代时明令禁止在此跳海燃指，明万历年间参将董永燧在此建“莫捨（舍）身”亭以戒舍身燃指者；都督李分、参将陈九恩竖“禁止捨身燃指”碑于亭中。清时，如此“舍身”现象愈演愈烈，于是定海县令缪燧在岸上建亭，并亲书《舍身戒》立碑以禁舍身。现在亭已毁坏，碑犹在。

潮音洞左侧上方的岩壑中有一天然小型石泉，石壁上刻有“光明池”三字，此处旧名“甘露潭”，山民称“慧泉”，佛家信众常在此祈求圣水以疗眼疾。据说明正德年间，皇太后遣使取此池水治疗眼疾，得以康复，遂改名为“光明池”。潮音洞旁还有一小洞，名善财龙女洞，相传是观音身边的善财、龙女所居之处。

梵音洞

梵音洞历来为普陀山的重要景观。梵音洞与潮音洞南北相对，它和潮音洞的潮音，各俱特色，合称为“两洞潮音”。从法雨寺经飞沙岙，过祥慧庵，即为普陀最东部的青鼓垒山。青鼓垒插入普陀洋，想必此地常为惊涛拍崖，潮声撼洞，昼夜轰响，宛如擂鼓，故又称“惊鼓擂”。在青鼓垒山东南端有一天然洞窟，洞岩斧劈，高约 60 米，纵深约 50 米，峭壁危峻，两边悬崖构成一门，习称梵音洞。在普陀山众多被人们叹为观止的洞壑中，梵音洞的磅礴气势和陡峭危壁，为其他洞所不及。梵音洞山色清黔，苍崖兀起，距崖顶数丈的洞腰部，中嵌横石如桥，宛如一颗含在苍龙口中的宝玉。两陡壁间架有石台，台上筑有双层佛龛，名“观佛阁”，前可望海，后可观洞，相传为观音大士显圣处。凡欲观览梵音洞者，先要从崖顶迂回而下，然后来到观佛阁。洞深幽，在阳光海潮作用下，洞内岩石各显奇形，变幻莫测。据传在这里观佛，人人看到的佛都不同，即使是同一个人，也会随看随变，极为奇异。此地又为梵音洞观潮最佳处，佛阁下曲通大海，海潮入洞，拍崖涛声如万马奔腾，如龙吟虎啸，日夜不绝，闻之者无不惊心动魄。佛家信众至此，多喜在洞口膜拜，祈求见到观世音菩萨的现身法相。清康熙三十八年（1699 年），皇帝御书“梵音洞”额赐挂于此处。

佛阁下海潮翻滚，拍崖涛声如万马奔腾、龙吟虎啸，日夜不绝。因此，梵音

洞又与潮音洞并称为“两洞潮音”，是普陀山上最适宜听潮观海的两个地方。

四、普陀山的传说故事

普陀山悠悠数千年历史，也流传下来了很多脍炙人口的传说故事，这也成为普陀山一道独特的“人文景观”。

（一）普陀山的由来

话说五代后梁贞明二年的时候，因中国佛教在唐时传去日本，当时有很多为了寻求佛法的日本出家人，都到中国来访道寻师，其中有位慧锷和尚，远渡重洋，航海来到中华大国，一方面寻师访道，一方面参礼各处的佛教圣地。有一天来到山西五台山，朝拜大智文殊师利菩萨，遍游五台胜山，参观名胜，看见一尊观音大士的圣像，清净庄严，心羡不已。本想向该寺当家师傅商讨请回日本供养，恐怕人家不允所求，所以他最后想出的办法是不与而取。他以为这是出于善心，能使日本人民视圣像而生信敬，“皈依者福增无量，礼念者罪灭河沙”，这种做法决不会是犯佛戒中的“不与而取的盗戒”吧？所以他打定了主意，就偷偷地把这尊圣像拿走了。

慧锷和尚既然获得这尊无上至宝的圣像，当然不敢再在五台山逗留下去，马上束装就道，买舟东渡，准备回归本国去了。当这条船开到现在浙江定海县所属的舟山群岛，在一个叫新罗礁的地方，忽然海洋中现出无数的铁莲花（今称莲花洋），挡舟不能前进，如是者三日三夜，这只船始终无法开出，只有远远在普陀山西面打转。如果向东开，即有铁莲花从海中涌现，阻道不前。慧锷和尚此时已经吓得惊惶万状，心中忐忑不安，俗话说“为人不做亏心事，空中打雷我不惊”，他开始静坐思过了。他扪心自问，平生无大过，从来没有做过什么不可告人的坏事，为什么今天在海洋遭阻，进退不能呢？佛教徒遭遇无法解决的困难，会跪向佛前，哀求忏悔。当他跪到菩萨像前，忽然想起这尊菩萨是自己偷来的，方才恍然大悟，引咎自惭，很快地跪下去祷告着说：“大士！弟子因见菩萨圣像庄严，我国佛法未遍，圣像少见，我想将菩萨圣像请回日本供奉，假使我国众生此时无缘见您，当从所向，弟子即就该处，建立精舍，供奉圣像。”祷罢舟行，竟至潮音洞边，安然停下。那时普陀山还是一片荒岛，荒无人烟，虽然在汉时就有汉光武帝的好友严子陵的岳丈梅子真，隐居在这个山上，修身养性（即今梅福庵，内有梅福仙人炼丹井，普陀山又名梅岑山，即指此也）。可是很少有人知道海中有此山，一直到五代后梁贞明年间，仍然还是一座荒山孤岛，只有几个以捉鱼为业的渔翁，在山上搭几间茅草棚子，住在海边山凹里。当时慧锷靠舟上山，寻了大半天，好容易才在离潮音洞不远的山边，找到一间渔人茅舍，该舍主人就是打鱼为业的张渔翁。慧锷和尚说明来意后，他大为感动，同时也欢喜得了不得：菩萨不愿意去日本，而要住在我们这个孤岛荒山之中，这一座荒山真是与菩萨有大因缘了。我们住在这附近的人，还真是有很大的福德和善根呢，所以才能得到观世音菩萨显化此山。他想到这里，很慷慨地对慧锷和尚说：“师父！你们贵国的人，既无缘见佛，那么你就与菩萨一并住在我们山中，我把住的房子和地让出来，你可以筑庵供奉菩萨，我过海去，叫各地民众来山拜佛供养你，你不要再回日本去了。”慧锷禅师因此不再回日本而就在山上筑庵居住，呼名曰“不肯去观音院”。他成为普陀山第一代的开山祖师。这就是我国普陀山开山之由来。

（二）普陀山八宝塔的传说

凡游览过“海天佛国”普陀山的中外游客，大多知道风景如画的海印池旁有座建筑风格独特的多宝塔。它是普陀山唯一保持原貌的最古老的建筑物，建于元代元统年间（1333—1334年）。

当年原宝陀观音寺（今普济寺）住持孚中禅师建此塔时，曾得到元朝皇太子宣让王的资助，故此塔称太子塔。

据传，元代时普济寺与对面的梵山之间，是一条长长的沙滩，紧连百步沙，面临大海，潮水一涨，滔滔白浪就会涌到普济寺山门前。到了农历八月大潮汛时，更是风狂浪高，飞沙走石，这给清静的普陀山带来了不少灾难。有一年中秋期间，元朝皇太子宣让王到普陀山游山玩水，一天夜里，正当他兴致勃勃地坐在普济寺山门

前听潮赏月，突然一阵狂风把他吹倒在地，他那顶太子帽也被狂风刮到了海里。太子惊恐万状，忙问住持孚中禅师：“这是何物作怪?”孚中禅师见太子动问，便告诉他说：“山门前的沙滩下蛰伏着一条小怪龙，每到中秋节时它会喘气、打滚，舒展一下龙身，引起山上起风，海上掀浪，给人们带来祸害。”

太子听了，大吃一惊，急忙问道：“小龙如此作孽，如何是好?”孚中禅师说：“要镇住孽龙并不难，只要建一座塔就可以了。”太子高兴地说：“此法如行，我愿奏明父皇，传旨造塔，镇住孽龙!”孚中禅师连忙合掌施礼道：“太子若愿造塔，真是菩萨有灵了!”第二天，孚中禅师带着几个泥瓦匠，来到梵山口的沙滩上，抓住泥沙放到鼻子下闻一闻，蹲下身子，把耳朵贴在沙滩上听一听，最后用禅杖在地面上画了个圈，说：“就在这里打桩造成塔!”太子不解其意，正想问明原因，孚中禅师对他轻声地说：“要造塔镇住孽龙，这塔就要造在龙的咽喉七寸之处。”太子听孚中禅师说得有理，便派一名宫监留在普陀山造宝塔，自己回大都去了。时隔一年，一座四角玲珑的佛塔造好了，这就是现在的多宝塔。多宝塔完工那天，正好又是中秋佳节，蛰伏在普济寺山门前沙滩下的小龙又苏醒过来了，它想伸伸腿，舒展一下龙身，却感到浑身不自在，睁开眼一看，见有四根又粗又长的石柱，紧紧地卡住了自己的咽喉，无法动弹。从此，恶浪难越百步沙，狂风远避普济寺。普陀山成了天下第一人间清净土了。

（三）普陀山龙泉的传说

众所周知，“海天佛国”普陀山是个风景秀丽的海上仙山，是我国佛教四大名山之一和观音菩萨道场，但是却很少有人知道山上的息耒小庄宾馆内有一口上千年的古泉，泉水质清味甘，常年不断，一年可供自流水近万吨，当地群众称这口井为“龙泉”。

相传，这口“龙泉”还是西汉末年江西九江县令梅福亲手挖的。梅福是个七品芝麻官，但他刚正不阿，几次上书要皇帝铲除乱臣贼子，重用忠良贤臣，改革弊政，中兴汉室。可是他的一番苦心，并没有得到朝廷的采纳。一天傍晚，梅福高高兴兴地从县府回到家里，突然，闯进两个衙役，用镣铐将他带走了。原来，王莽篡位当了皇帝，他害怕天下百姓不服，要把反对他的人斩尽杀绝，梅福便是其中一个。

梅福成了朝廷钦犯，被押解进京。一天中午，有只翠鸟突然从空中飞下来，轻轻地停在他的肩膀上，点点头，翘翘尾，抖抖美丽的羽毛，又“扑愣愣”地飞上高空，随即“喀喇喇”一声霹雳，天昏地暗，飞沙走石。就在这时，梅福身上的刑具被飞石砸碎了，两个公差也被狂风吹走了。等到风停云散，他已经来到我东海岸边。正当梅福不知所措时，有一条没帆的小船漂到了他的面前，他挣扎着爬上小船。他迷迷糊糊地躺在船上，随大海的风潮漂流到了普陀山的海滩边。他睁眼一看，只见岛上绿树成荫，百花盛开，景色如画，是一座海上仙山。于是他就在普陀山隐居炼丹，施药济世。为找到洗净每天采来的草药用水，梅福在白华山巅的西侧灵鹫峰下发现了这眼清泉，并在其下面挖了一个圆形的水潭以积存泉水。后因普陀山对外开放，发展旅游业，当地旅游部门在“龙泉”旁扩建了星级饭店，这眼泉也被扩建成面积为100余平方米，水深近3米的椭圆形水潭了。

据当地的老人们说，这眼“龙泉”曾多次为缓解普陀山的旱情立下过显赫的“功劳”。1968年是普陀山大旱之年，山上的司基畈长河河底裂缝朝天，全山近百口潭、井的水也先后用干涸，山上树木、花草枯黄，当地群众割了早稻却无水种晚稻。前寺区有60多亩稻田等水插秧，最终还是灵鹫峰下这眼“龙泉”解难，水源始终不断。农民们搬来抽水机日夜抽水，输水渠道像一条长龙一样穿越西天渡口，清水源源不断地流入农田，不仅使农民们及时插上了晚稻，还为林业部门浇灌周围的古树名木解决了水源，保护了山上的风景资源。

1996年夏季，普陀山久晴少雨，旱情又十分严重，供水濒濒告急。当时正值有一大批日本佛教徒要到普陀山朝圣礼佛和游览观光，正当宾馆老总为如何解决供水问题犯难时，又是这眼“龙泉”流出清清泉水，及时地解决了宾馆供水的燃眉之急，涓涓流水满足了日本客人与其他游客的生活需要。所以，山上的群众都说这眼“龙泉”为发展普陀山的旅游事业立下了汗马功劳。

（四）普济寺关山门的传说

普陀山的普济寺有三扇山门，正中为大，叫中山门，它的东边是东山门，西边是西山门。中山门的几扇大门长年累月关闭着。人们平时只能从东、西边门进出。据了解，解放前普济寺只开过一次中山门，那是 1932 年，班禅来普陀山，因此提高接待规格。全国解放后至今，虽开了几次，但次数并不多。

普济寺中山门为何不轻易开，有两种说法。

一说这是观音菩萨立下的规矩。有一次，观音到天台国清寺做客，国清寺的五百罗汉陪观音观光了寺院内外后，傲慢地对观音说："我们国清寺不比你普陀山差吧！"观音听后不以为然，说："国清寺虽好，但比起普陀山来还缺塔和桥这两个建筑。"罗汉们听后很不服气，提出要尽快把塔和桥造起来。观音说："这样吧，我帮你们造一个，你们五百罗汉也造一个，看谁完工快。"罗汉们选择了造塔，叫观音造桥，并约好以鸡叫头遍为完工。当晚，罗汉们吃了斋饭就忙开了。当罗汉们的塔造得差不多时，观音就到离国清寺约 40 里外的中方广处，把那里的两座大山一拉，建成了一座大桥，称作石梁桥。这时离鸡叫还有一个辰光（小时），罗汉们造的塔还差一个顶。为了让罗汉们口服心服，观音就装起鸡叫，五百罗汉听到鸡叫声，就停止了造塔。罗汉输了。后来，罗汉们得知是观音在戏弄他们，心中很不服气，想寻机报复。

一次，他们听说普陀山有一口吃斋的大锅，可供一千人吃饭，他们互相商量想一起到普陀山吃饭，把它吃个精光，让观音出出洋相。一天，罗汉们化身变成五百个和尚腾云驾雾来到了普陀山，闯入普济寺中山门，直奔厨房吃饭。因观音不防罗汉会来闹事，所以毫无戒备，结果千人锅里的饭不仅让罗汉吃光了，罗汉们还大喊大叫饭没吃饱，喊叫得连烧饭的和尚也被他们吓跑了。厨房里的吵闹声惊动了观音，她出来后，对罗汉们说："这样吧，你们明天再来，我保证你们吃饱饭。"

第二天中午，五百罗汉果然又来了，入中山门后直奔厨房吃饭。这时观音已化身变成了一位烧饭老者。因罗汉佛力较浅，看不出烧饭的老者是观音化身，所以毫无戒意地边吃边议论，有的说："大家多吃些，吃光饭我们就能以此为借口，把普济寺闹它个天翻地覆。"可是，整整吃了两个时辰，还是没有把锅里的饭吃完，罗汉们自知斗不过观音，只好灰溜溜地回国清寺去了。

五百罗汉回国清寺后，观音就对普济寺的方丈说："从今天起，除了新方丈升座外，不要轻易开启中山门，以防罗汉再来闹事。"打这以后，普济寺的方丈虽换了几十位，但都能牢记观音的告诫，平时中山门总是紧关着。

还有一个传说是，关山门是乾隆皇帝立下的规矩。有一次，乾隆下江南来到了普陀山，被山上秀丽的风光和众多名胜古迹迷住了。一次，在他正游览得兴致勃勃之时，下起了雨，而且天也慢慢地暗下来了，这时他想找个地方去投宿。

乾隆沿着山径小道来到了普济寺，这时普济寺除一般客人出入的西边山门开着外，其他两个山门紧闭。他便抡起拳头敲中山门。此时看守山门的小和尚便伸出头来嚷道："谁呀，天这么黑了还在此乱敲山门！"乾隆怒气冲冲地说："高老爷要进寺院，快把山门打开！"小和尚一听，毫不客气地说："什么高老爷，矮老爷，这西门不是开着吗？"乾隆一听，心想这和尚真不知天高地厚，竟要我当朝天子走边门！他面孔一板，说："高老爷从未走过边门，你去告诉方丈，叫他出来大开正门相迎！"小和尚一听，觉得此人来头不小，便说："好，好，请稍等片刻！"

过了良久，小和尚出来了，摇摇手说："不行，不行，方丈说了，国有国法，寺有寺规，普济寺也有自己的规矩，过了辰光，不能随意开启中山门！"小和尚还指着乾隆的鼻子说："这是历代祖师传下来的规矩，谁敢违抗？就是皇帝老子来了，也不准开！"乾隆急了，脱口而出："不开，不开，以后就不准再开！"他下了一道口谕："普济寺的中山门，从今不准再开！"方丈得知得罪了乾隆皇帝，再三托人恳求乾隆开恩。乾隆细细一想，我几下江南，还不是为了体察民情，收买人心吗？于是他正式下了一道圣旨，给普济寺立了一条规矩：除了新方丈升座外，不许随意开启中山门。这样既给方丈一点面子，又显示出皇帝说一不二的威严。这个规矩就这样一直被沿袭下来了。

（五）普陀山喝腊八粥的传说

普陀山每年农历十二月初八有喝“腊八粥”的风俗。为何农历十二月初八要喝“腊八粥”，有两种说法。

一说是为了纪念佛教创始人释迦牟尼的成道。据传，释迦牟尼本是王子，他曾游遍印度的名山大川，寻长老，访异人，苦修行。一天，他来到一片茫茫无际的荒漠，又饥又渴，终于体力不支倒地。这时，一位善良的牧羊姑娘正好路过，见此情况便忙将随身所带的杂饭与泉水煮成粥，喂给他吃。释迦牟尼醒来后，很快恢复元气，谢过牧羊女，继续前进，以坚韧的毅力苦行 6 年，终于在十二月初八得道成佛。此后，每逢腊月初八，各地佛寺都要取来白米，熬成热粥效法牧羊女，供奉佛祖，并颂经演法，喝“腊八粥”以示纪念。后来，官府、民间争相效法，广为流传。到了清朝，此风俗更为盛行，届时合家聚食，而且腊八粥花样也争奇竞巧，品种繁多。北方人喜欢用红米、赤小豆、红枣、米仁、莲子、桂圆、核桃仁、黄豆、松子等原料煮成甜味腊八粥；而南方人则爱用大米、花生、蚕豆、芋艿、荸荠、白果等原料加麻油煮成咸味腊八粥。据说这样煮成的甜、咸两种腊八粥不仅是一种美味节令佳品，而且有很高的食疗价值，有益气调中、养脾益胃、消渴除烦的功用，在隆冬腊月，吃上两大碗营养丰富的腊八粥，对人体大有裨益。

还有一种说法：喝“腊八粥”是普陀山僧人为感谢后山民众帮助建造慧济寺而流传的风俗。据传，明万历年间，普陀山有个法号叫圆慧的小沙弥，不仅学佛刻苦，干活勤劳，而且对普陀山的地理环境也很感兴趣。一天，他在上佛顶山砍柴时发现了一块刻有“慧济禅林”四个大字的石碑，心想，要是在佛顶山建一座庵堂，供僧人静心用功学佛修心该多好啊！于是他把自己的想法告诉了师傅。师傅觉得他自不量力，有些生气，圆慧发誓说：“师傅，我明天就离山化缘去，不到目的誓不回庵。”

第二天一早，圆慧就下了山，从明州（今宁波）入江西再入福建，白天敲着木鱼跑大街，窜小巷，晚上睡在山野庙宇里，化缘近 3 年，竟没有一个人施舍过一文钱。圆慧想想离山后一无所得，又无脸回山见师傅和各位师兄，不禁仰天大哭起来，他边哭边走到一条小河边，自言自语地默祷道：“弟子也不知道什么地方有善信护法，乐助功德，唯有仰仗菩萨冥中加庇，我现将手中木鱼投入河中，随水流去，如果菩萨有灵，木鱼停在哪个地方，弟子就在哪个地方住下化缘。”他说完就将手中木鱼投入河中，木鱼流到哪里，他就跟到哪里。过了三天三夜，木鱼流到了福建泉州某地，突然木鱼停在水中不流了。圆慧就把木鱼从河中捞起，坐在河边手敲木鱼口诵佛号，忽见两个仆人前来问道：“小师傅，我家老太太生病多年，没有一个大夫能看好她的病，今天听到了你的木鱼声，心中非常舒服，所以她一定要请你去家中坐坐。”圆慧就随仆人来到了老太太家中。说来也奇怪，老太太一见圆慧病就好了许多，老太太问小沙弥会不会看病？圆慧说不会看病，老太太又问他会念什么经？圆慧说我出家没几年，只会念大悲咒。老太太说：“我听到你的木鱼声音，心中特别好过，你就念大悲咒吧。”于是，圆慧就边敲木鱼边念了几遍大悲咒。真是佛法无边，老太太的病又好了许多，连她自已也不相信病会好得这么快。老太太认为这个小沙弥就是菩萨应化，特地来救她的。老太太就问小沙弥是从何处来？为什么要在河边敲木鱼？圆慧将经过说了一遍。老太太说：“你过几天回普陀山去，在佛顶山上搭一个茅蓬，每天在那里念佛看经好了。一月之后我会派人到佛顶山察看地形，替你建筑庵堂。”

自从圆慧回山后，老太太写了一封烧了角的急信给她在朝为官的儿子。信中写道：“母亲病重，望儿见信后速回!”她的儿子是个孝子，得知母亲病重就骑快马赶回了福建泉州。但他一进家门看到母亲身体好好的，心里就起了疑团。这时他母亲就与他说起自已病好的原因，并对儿子说：“娘为报佛恩，已许下了大愿，要在普陀山佛顶山出资建座庵。”为了满足老太太的心愿，她儿子就带领一批土木工匠赶到普陀山，找到在佛顶山上学佛念经的圆慧，察看了山上地形。几日后他回家将建庵的砖瓦、木材等备好运到普陀山。造庵需要大量建筑材料，尤其是用来做梁柱的木材，都是合抱粗的原木，而佛顶山是普陀山的最高峰，海拔有近300米高，且山路陡峭，要把这么多又粗又大的木材运上山去十分费时费力。这时，住在后山的民众都来帮忙，他们给老太太的儿子和

圆慧出了个主意，趁天气寒冷，晚上在山道上浇水，第二天早上，水都结成了冰，山道成了天然的滑道，一根根木头系上绳顺着滑道往山上拉，用这个办法，终于解决了运木材和其他大型建筑材料的难题。后山民众不仅为建造慧济寺献计献策，还出了不少义工。为感谢后山民众帮助建寺，圆慧和尚就在寺院建成后的腊月初八这天，用白米、红枣煮粥宴请普陀山民众和前来朝圣的香客。

从此，每逢腊月初八这天，普陀山各寺院都要请当地民众和香客喝“腊八粥”，此风俗一直流传至今。

（六）普陀山无蛇的传说

相传普陀山是观世音菩萨修法养生之地，有一年春天，她要去天宫开神仙会，可等三天后回来，发现原来树木郁郁葱葱、花香鸟语美丽的普陀山，一下子变成了树木枯萎、寸草不生、荒芜人烟的荒岛，这使她惊呆了。正当她在深思其原因的时候，一个中年男子朝着她走来喝问道：“你是何人！胆敢到我的岛上来！”“你问我是何人，我是这里的主人！这是我的地方！我来问你：我才离开这里 3 天，是谁把普陀山糟蹋成这个样子的？”这人一听，哈哈大笑起来，并伸出 3 个指头在观世音面前晃动着说：“你说这地方是你的，你只离开这里 3 天，也就是说 3 天前你还居住在这里，可我在这里已修道了 3000 年了，我从来没有见过你！这不是天大的笑话吗？”他怎么会知道，天上一天，地上就是千年，天上 3 天，地上就是 3000 年了。

观世音听他说在这里已修行三千年了，就掐指一算，眼前这个人，原来是条毒蛇精！我去天宫开会，我前脚一走，它后脚就进来了。观世音看看眼前生灵涂炭的情景，顿时无比愤怒，要处死这条毒蛇。但转念一想，慈悲之心油然而生，心想处死它易如反掌，然而，念它已修行了 3000 年，它又有许多子子孙孙需要依靠它，若把它处死，那它的子孙们就难以生存，想到这里，她喃喃自语说：放它一条生路算了。但想到要它离开这里也很难，它在这里毕竟已修行居住 3000 年了，是不肯轻易离开这里的，必须略施小计，让它乖乖地离开。于是菩萨对它说：“你说这里是你的地方，但有什么证据可以证明呢？现在，我想你如果能用你的身体把普陀山整个岛围起来，我就把这地方让给你，如果围不住，那你就得离开这里，你看如何?”

蛇精一听说：“好!”心想把岛围起来岂不是件很容易的事，照今天人的话来说“这不过是小菜一碟。”“那你不能反悔”它看着观世音说。随后它说声变，刹那间就变成了一条又粗又长的大蛇，迅速地向岛沿岸爬去，用蛇身把岛围了起来。然后，望着观世音说：“现在我已把这岛围了起来，这地方就归我所有了，你得给我离开此地!”这时观世音指指海中的一座小山说：“你还没有把它围进去呢!”蛇精一看傻了眼，原在旁边的小山怎么会跑到海中去了呢?它哪里知道在它刚围住小岛的时候，观世音用法力一脚把小山踢到远远的海中去了。这座小山就是今天的“洛迦山”。

蛇精心想，就是把那小山围起来也不难，它对观世音说：“我再围。”观世音说：“你也不用再围了。”随后，从袖中拿出一只与和尚化缘一样的钵说：“你若能把这钵的口沿围住也算你赢。”蛇精心想，这就更容易了。就说声变，又变成了一条又细又长的小蛇。它沿着钵口爬呀，爬呀爬，怎么也不能把口沿围起来。它怎会知道，这钵会无尽大的。当它爬得筋疲力尽时，观世音挥指一弹将它弹入钵中去了。

蛇精一跌入钵中，只见钵内光芒万丈，它顿时感到头晕目眩，钵中热的像在蒸笼里蒸似的，快要把它溶化了。这时，蛇精才知道今天遇到了佛法无边的“武林高手”了。它连声求饶：“菩萨饶命!菩萨救救我!”“救你可以，但你必须马上给我离开这里!”蛇精连说：“是!是!”观世音把它放出来后，它就带领着它的徒子徒孙向海中游去，但不管它游到哪里，在面前就会聚拢很多莲花挡住了它的去路，它知道菩萨又在为难它了。它再次向观世音求饶，请求她放自己一条生路。

莲花挡路是观世音再次警告蛇精，佛法广大，提醒它今后要改恶从善，不要祸害生灵。她对蛇精说：“我念你今有悔改之意，念你膝下又有子子孙孙需你呵护，不忍心让你死，但我警告你，离开这里后到深山荒野去修行，不得再涂炭生灵，好生修行，否则……”

观世音警告它后，将佛帚一挥，一只大海龟就来到她面前。她叫蛇精和它的子子孙孙伏在龟背上，命海龟将它们带离出海。海龟游到哪里，哪里的莲花就纷纷向两边散去，海龟通畅无阻地向远方游去。

蛇精离开后，普陀山从此就再也没有见到蛇了。

五、普陀山的历史和文化

普陀山作为我国佛教四大名山之首，其魅力绝不单单来自于美妙绝伦的自然风光和美景，更来自于深厚的历史文化底蕴，其悠久的历史和独特的文化更成为普陀山景区之外为人们所关注的焦点。

（一）普陀山的发展历史

据史书记载，早在两千多年前，普陀山即为道人修炼之宝地。之后，普陀山更凭借其特有的山海风光与神秘幽邃的佛教文化，吸引了众多文人雅士来山隐居、修炼、游览。秦代安其生、汉代梅子真、晋代葛雅川，都曾来山修炼。普陀山作为中国古代海上丝绸之路始发港的重要组成部分，早在唐代就成为与日本、韩国及东南亚国家交往的必经通道和泊地。至今山上仍留有高丽道头、新罗礁等历史遗迹。

自观音道场开创以来，观光揽胜者络绎不绝。宋陆游、明董其昌等历代名士，都先后登山游历。历朝名人雅士、文人墨客，或吟唱，或赋诗，留下了大量珍贵的诗文碑刻，使普陀山文物古迹极为丰富。我国唐代著名画家阎立本所绘的杨枝观音碑以及建于元代的多宝塔，还有法雨寺的九龙殿不但是普陀山的镇山之宝，而且还是中华民族宝贵的艺术珍品。

普陀山不仅被文人骚客、高僧道长们所关注，而且还以其独特的自然风光和人文底蕴吸引了历代帝皇的到来。唐宋元明清五朝近二十位帝王为了祈求国泰民安，特遣内侍携重礼专程来普陀山朝拜观音。明太祖朱元璋、清圣祖康熙还多次召见普陀山高僧，赐金、赐字、赐佛经、赐紫衣，礼遇有加。五朝恩宠，千年兴革，佛国香火，由是鼎盛，赫赫声名，广播远扬。

今天，历经数十年艰辛的建设、开发和保护，普陀山风景名胜区管理日趋规范化、制度化，旅游秩序井然，景区社会稳定，相继荣获了“国家级安全山、文明山、卫生山”、国家5A级旅游区、全国旅游消费者权益示范单位、全国文明风景旅游区示范点等荣誉，还通过了ISO14001环境质量管理体系的认证，并获得全国第四家ISO14001国家示范区等荣誉。

优越的人文环境、一流的旅游服务使普陀山常年游人如织，四季佛事不断。2004年接待游客230多万人次。每年三大香会节以及中国普陀山南海观音文化节、“普陀山之春”旅游节期间，游客更多，香火更旺。路上行人摩肩接踵，虔诚朝拜，一派“海天佛国，琉璃世界”庄严而又繁荣的景象。

普陀山已经成为中外文化交流的窗口，成为集礼佛观光、避暑度假、文物考古、海岛考察、书画写生、影视摄制、民俗采风于一体的国家重点风景旅游区。

（二）普陀山的佛教文化

普陀山是全国著名的观音道场，其宗教活动可溯于秦，原始道教及仙人炼丹遗迹随处可觅。唐大中元年（847年），有梵僧来谒潮音洞，感应观音化身，为说妙法，灵迹始著。唐咸通四年（863年），日僧慧锷大师从五台山请观音像乘船归国，舟至莲花洋遭遇风浪，数番前行，无法如愿，遂信观音不肯东渡，乃留圣像于潮音洞侧供奉，称“不肯去观音”。后经历代兴建，寺院林立。鼎盛时期，全山共有3大寺、88庵、128茅蓬，4000余僧侣，史称“震旦第一佛国”。

普陀山四面环海，风光旖旎，幽幻独特，被誉为“第一人间清净地”。山石林木、寺塔崖刻、梵音涛声，皆充满佛国神秘色彩。每年农历二月十九观音诞辰日、六月十九观音得道日、九月十九观音出家日，四方信众聚缘佛国，普陀山烛火辉煌、香烟缭绕，诵经礼佛，通宵达旦，其盛况令人叹为观止。每逢佛事，屡现瑞相，信众求拜，灵验频显。绵延千余年的佛事活动，使普陀山这方钟灵毓秀之净土，积淀了深厚的佛教文化底蕴。观音大士结缘四海，有句俗语叫：“人人阿弥陀，户户观世音”，

观音信仰已被学者称为“半个世界的信仰”。

（三）普陀山三大文化活动

今天，我们除了可以徜徉于普陀山浓厚的佛教文化氛围之外，近年来，由于普陀山景区倾力打造的普陀山南海观音文化节、普陀山观音香会节和“普陀山之春”旅游节三大文化活动，更能使我们感受到普陀山深厚的历史文化魅力和人文底蕴。

普陀山南海观音文化节

普陀山南海观音文化节是舟山三大旅游节庆之一，以普陀山深厚的观音文化底蕴为依托，以弘扬观音文化、打造文化名山为内涵的佛教旅游盛会。每年 11 月份举办，期间有大型法会、佛教音乐会、信众朝圣、莲花灯会、文化研讨会、佛教文化旅游品展览会等一系列活动，吸引众多海内外观音弟子、佛教信徒、香客游客聚缘“佛国”。

普陀山观音香会节

普陀山观音香会节，又称“普陀山三大香会期”，每年农历二月十九、六月十九、九月十九为观音生日、得道、出家三大香会。此时普陀山盛况空前，从普济寺的中门到佛顶山，香客如涌；从法雨寺的九龙殿到千级石阶的香云山径，信徒礼膜参拜，一步一跪拾级而上，虔诚之至，令人感悟。1997 年农历九月廿九，南海观音露天铜像建成，此日乌云密布，妙善大和尚宣布铜像开光时，刹那间天门洞开，阳光普照，令海内外信徒无不倾服。

“普陀山之春”旅游节

“普陀山之春”是融群众娱乐、游客参与为一体的互动性大型旅游娱乐文化活动。于 1990 年首创，每年 3 月举办一届。其内容丰富多彩，包括声乐、舞蹈、戏剧、书画、摄影、灯谜、幸运抽奖、佛国茶道、旅游义工活动等，是普陀山继观音文化节、香会节之后的又一旅游盛会。

六、普陀山的特色饮食

俗话说得好，“民以食为天”，普陀山有如此美的景色风光，如若没有美食那肯定会大煞风景了。不过，享誉数千年的普陀山在饮食方面也毫不逊色于其美景。最具特色的主要还是素斋、海鲜和紫涛盛宴这三种，如果有机会到普陀山观光旅游，一定不要错过！

素斋

普陀山的素斋种类繁多、气味芬芳、清新淡雅、营养丰富，一向受到海内外游客的好评，如果有兴趣也可以在寺内吃一顿素斋。普陀山的三大寺（普济寺、法雨寺、佛顶山慧济寺）的斋堂都有方便香客赶斋的时间。一般早餐为5:30—6:00，午饭为10:00—11:00，晚饭16:30-17:00左右。到时候不妨到客堂打听一下，花十几块钱吃一顿斋饭，经济实惠，别有一番风味。

海鲜

普陀山的活海鲜相当丰富。黄鱼、墨斗鱼、海蟹、花蛤、淡菜、贝壳类、条纹虾等应有尽有。除各宾馆、山庄的餐饮外，饭店主要集中在海鲜园、前寺、后寺和南天门附近。其中，海鲜园集中了52家海鲜餐馆，在海内外享有很高的声誉，吸引了不少慕名而来的游客。

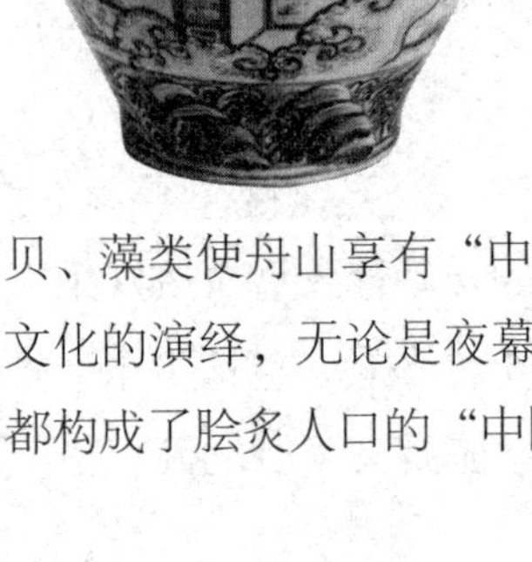

紫涛盛宴

如果旅游重点是吃新鲜的海鲜，10月份来最好。舟山是世界四大渔场和三大渔港之一，舟山群岛的东海渔场在海内外享有盛名。千余种鱼、蟹、虾、贝、藻类使舟山享有“中国渔都”之美誉。经过舟山人民几十年来对海鲜美食文化的演绎，无论是夜幕下海边的海鲜夜排档，还是地道渔家风味的渔家宴，都构成了脍炙人口的“中国海鲜，吃在舟山”的美食佳话。